交通运输类专业课程思政系列教学案例

交通运输专业

创新实践类

课程思政教学案例

主编 ◎ 陈维亚　宋晓东　李　烨　伍国华

JIAOTONG YUNSHU ZHUANYE CHUANGXIN SHIJIAN LEI
KECHENG SIZHENG JIAOXUE ANLI

中南大学出版社
www.csupress.com.cn
·长沙·

交通运输类专业课程思政系列教学案例

编委会

◇ **主　任**

　　贺志军　高广军

◇ **副主任**（按姓氏拼音排序）

　　陈维亚　韩　锟　刘　辉　鲁寨军

　　彭　勇　宋晓东　叶峻青　张英贵

◇ **执行主编**

　　陈维亚　叶峻青

◇ **委　员**（按姓氏拼音排序）

　　李　蔚　汪　旭　伍　钒　伍国华

　　张得志　章易程　周文梁　邹杨华

习近平总书记在全国高校思想政治工作会议上指出，要用好课堂教学这个主渠道，思想政治理论课要坚持在改进中加强，提升思想政治教育亲和力和针对性，满足学生成长发展需求和期待，其他各门课都要守好一段渠、种好责任田，使各类课程与思想政治理论课同向同行，形成协同效应。2020 年，教育部印发了《高等学校课程思政建设指导纲要》（以下简称《纲要》），明确提出全面推进课程思政建设是落实立德树人根本任务的战略举措，课程思政建设是全面提高人才培养质量的重要任务。《纲要》中明确要求各高校要紧紧围绕国家和区域发展需求，结合学校发展定位和人才培养目标，构建全面覆盖、类型丰富、层次递进、相互支撑的课程思政体系；要切实把教育教学作为最基础最根本的工作，深入挖掘各类课程和教学方式中蕴含的思想政治教育资源，让学生通过学习，掌握事物发展规律，通晓天下道理，丰富学识，增长见识，塑造品格，努力成为德智体美劳全面发展的社会主义建设者和接班人。

中南大学交通运输工程学院在学校开展课程思政建设顶层设计的指导下，2020 年成立学院课程思政教学研究中心，全面启动课程思政建设工作。学院课程思政教学研究中心负责顶层规划和指导，组织各系结合专业特色抓落实，课程团队充分挖掘蕴藏在课程知识体系中的思政元素，落实到课程目标设计、教学大纲修订、教材编审选用、教案课件编写各方面，并贯穿于课堂授课、教学研讨、实验实训、作业论文各环节。为了巩固建设成效和加强示范引领，经过多次课堂实践和持续改进，学院组织 80 多名任课教师提炼提升编写形成"交通运输类专业课程思政系列教学案例"丛书。该丛书共 5 册，覆盖学院交通运输、交通设备与控制工程、轨道交通信号与控制 3 个专业的课堂和实践教学各环节。

本分册精选了交通运输专业的认识实习、生产实习、综合性实践、创新创业实践等实践类课程和富含社会实践要素课程的课程思政教学案例。书中案例紧密结合《纲要》对实践类课程思政指导要求，力争做到：实验实践课程，注重学思结合、知行统一，增强学生勇于探索的创新精神、善于解决问题的实践能力；创新创业教育课程，注重让学生"敢闯会创"，在亲身参与中增强创新精神、创造意识和创业能力；社会实践类课程，注重教育和引导学生弘扬劳动精神，将"读万卷书"与"行万里路"相结合，扎根中国大地了解国情民情，在实践中增长智慧才干，在艰苦奋斗中锤炼意志品质。本书的推出，希望为专业实践类课程教师提供一些参考和启迪。

本书的出版，感谢编写案例的每一位一线专业课教师，感谢编审老师的辛苦付出。因时间和水平有限，书中不足之处恳请广大读者批评指正！

编者

2023 年 5 月

目录
CONTENTS

3　专业综合性实践　44

4　交通运输创新创业实践与案例　55

5　物流方案设计　63

6　物流项目管理　68

1

认识实习

教学内容和思政融合设计

序号	教学内容	思政映射与融入点	编者
1	知识点：认识铁路运输的地位与作用	案例1：铁路运输的地位与作用——马克思、恩格斯是如何看待铁路运输的？	李夏苗
2	知识点：了解中国铁路营业线路网的发展变化	案例2：我国铁路营业线路网的发展变化——民族自豪感和爱国情怀	朱晓立
3	知识点：认识铁路客运站设施与组织流程	案例3：铁路客运站——专业认同，专业自豪感	周文梁
4	知识点：认识高铁客运站	案例4：高铁客运站——科技是第一生产力	张云丽
5	知识点：认识铁路调度指挥（一）	案例5：铁路调度指挥（一）——人民至上，责任重于泰山	叶峻青
6	知识点：认识铁路调度指挥（二）	案例6：铁路调度指挥（二）——坚持系统观，弘扬奉献精神	张英贵
7	知识点：认识编组站的功能、地位及发展	案例7：编组站的功能、地位及发展——专业责任感、铁路情怀	陈维亚 宋晓东
8	知识点：认识编组站综合自动化系统	案例8：编组站综合自动化系统——发展才是硬道理	肖龙文
9	知识点：了解中欧班列	案例9：中欧班列——民族精神，人类命运共同体	冯芬玲
10	知识点：了解道路交叉口流量调查	案例10：道路交叉口流量调查——实践出真知	唐进君
11	知识点：了解城市交通信号控制	案例11：城市交通信号控制——弘扬工匠精神，坚持发展以人为本	李传耀
12	知识点：运输生产安全教育	案例12：安全是运输的生命线——安全责任意识和职业精神	宋晓东 付延冰

案例 1   铁路运输的地位与作用

——马克思、恩格斯是如何看待铁路运输的?

【课程名称】认识实习。

【教学内容】了解铁路运输的作用与地位。

【案例意义】通过对中国铁路发展、中国铁路与经济社会的关系的认识,深刻理解马克思、恩格斯对铁路运输的论断,树立建好、管好、用好铁路和更好服务中国经济社会发展的信念。

教学过程

1. 问题导入

中南大学的交通运输专业以铁路运输为主要工程背景,学生已开始初步接触相关的专业知识,肯定会思考为什么将铁路运输设为一个专业? 这个专业有什么意义? 学这个专业能干些什么? 通过对交通运输专业的认识,包括对交通运输设备设施、铁路客货运生产活动过程与组织、铁路客货运生产管理等的初步认识,学生将了解交通运输在国家经济社会中的地位与作用、铁路交通运输系统的基本结构、铁路运输管理活动的主要内容等,建立对专业知识学习轮廓的感性认识基础,提升学习兴趣,打下学习专业知识的客体认识基础。

2. 讲授正文

(1) 马克思对铁路运输作用的论述

① 铁路运输业成为社会工农业的先驱和服务工具。交通工具的增加和改良,自然会对劳动生产力产生影响:使生产同一商品所需要的劳动时间减少,并建立了精神与贸易发展所必需的交往。它们对劳动生产力所产生的影响,和耕作方法的改良,化学、地质学等的进步,以及普及教育、法律保障等所产生的影响一样。

② 铁路运输业的出现,加速了封建社会生产方式的解体。大工业的发展促使建立起以发现美洲为基础的世界市场。世界市场引起了商业、航海业和陆路交通工具的大规模发展。这种发展又反过来促进了工业范围的扩大,同时,随着工业、商业、航海业和铁路的发展,资产阶级也进一步发展了,它越发增加自己的资本,越发把中世纪遗留下来的一切阶级都排挤到后面去了。

③ 铁路为商业经济发展提供了必要的条件。1845 年英国工业的繁荣和由此而产生的铁路股票投机,对法国和德国产生的影响比过去任何兴旺时期都要强烈得多。德国的工厂主做了赚钱的买卖,而德国整个商业活动的繁荣发展也随之而开始。农业区的人们在英国找到了销售自己的谷物的良好市场。社会普遍的繁荣活跃了金融市场,便利了借贷,把许多数额较小的资本吸引到市场上来,而这些资本有很多在德国几乎是找不到"用武之地"的。

基于当时的时代背景,马克思、恩格斯揭示了铁路运输对世界经济与社会的影响,历史证明了马克思、恩格斯对铁路运输的作用论断的正确性。随着时间的推移、科技的发展,交通运输对现代人类社会文明发展的作用更广泛与深刻。

（2）中国铁路在经济社会发展中的地位

交通是影响全球可持续发展的重要领域。1992年联合国"地球峰会"通过的《21世纪议程》首次确认了交通在可持续发展中的重要作用。2002年可持续发展全球峰会的成果文件——约翰内斯堡行动计划再次突出了交通的地位。在2012年联合国可持续发展大会上，各国领导人一致认同交通在可持续发展中的中心地位。为促进和支持可持续交通发展方面的国际合作，联合国于2016年在土库曼斯坦召开首届全球可持续交通大会，就交通可持续发展及其对实现可持续发展目标的支持作用达成了初步共识。2021年第二届联合国全球可持续交通大会以"可持续的交通，可持续的发展"为主题，聚焦减贫脱贫、国际互联互通合作、绿色发展、创新发展、安全发展等议题，有助于各方凝聚共识，进一步推进全球、区域和国家的可持续交通发展。中国高度重视可持续发展。早在1996年，中国就已将可持续发展上升为国家战略并全面实施，是最早提出实施可持续发展战略的国家之一。党的十八大以来，在习近平新时代中国特色社会主义思想指引下，中国交通发展取得历史性成就，发生历史性变革，迈入高质量发展的新阶段，正在加快向交通强国迈进。中国交通将立足新发展阶段，完整、准确、全面贯彻新发展理念，服务构建新发展格局，在发展中加快解决不平衡不充分问题，努力实现更高质量、更有效率、更加公平、更可持续、更为安全的发展，为促进全球可持续发展，推动构建人类命运共同体贡献中国智慧、中国力量。

建设交通强国是以习近平同志为核心的党中央立足国情、着眼全局、面向未来做出的重大战略决策，是建设现代化经济体系的先行领域，是全面建成社会主义现代化强国的重要支撑，是新时代做好交通工作的总抓手。

《"十四五"铁路科技创新规划》指出，铁路是综合交通运输体系的骨干，是建设现代化经济体系的重要支撑，是全面建设社会主义现代化国家的先行领域。

事实上，每个学生，无论你是来自偏远的乡村还是大大小小的城市，交通、交通运输、铁路运输、城市交通、城市轨道交通……，与你的学习、工作、生活无时无刻不在发生联系。

（3）交通运输（铁路运输）专业的使命

那么问题就来了？谁在规划设计交通运输，谁在运营管理和管控交通运输？对于国家来讲，庞大的交通运输系统需要大量的工程技术人员、大量的运营管理人员。以轨道交通运输为工程背景的交通运输专业，就是培养国家所需的这类人才。

交通运输专业的主要使命可以归纳为：

①为国家培养交通运输规划与设计的高级人才，他们能为国家、区域、城市等规划与设计高效的可持续发展的交通运输系统。

②为国家培养交通运输运营管理的高级人才，他们在各类交通运输运营企业不同层级安全、高效、优质地运营、管理交通运输系统的运行。

③为国家培养研究与开发支持交通运输系统规划设计、运营管理等的科学理论和先进技术、具有创新能力的高级人才提供支持。

3. 分析总结

本专业的认识实习，除了让学生较为系统地建立对交通运输专业专业性知识的工程背景认知，更重要的是让学生感知和深刻认识到作为交通运输专业的学生应有的担当、前行的高峰、事业的空间。

在认识实习的过程中，结合校内外实习的场景与空间，宣传本专业的使命、本专业核心任务,让学生能从整体上对专业知识有初步的认识,结合自身的兴趣与特长,更好地开展专业知识的学习。

案例2　我国铁路营业线路网的发展变化
——民族自豪感和爱国情怀

【课程名称】认识实习。

【教学内容】了解我国铁路营业线路网的发展变化。

【案例意义】通过了解我国铁路营业线路网的发展变化,向学生传达对国家、民族的归属感,培养学生爱国情怀和民族自豪感。

教学过程

1. 问题导入

铁路营业线路网是铁路运输生产活动的基础,其长度、广度和密度决定了铁路运输生产活动的空间范围,也体现了在国民经济活动中的地位和作用。通过观看中国铁路官方微博视频——《中国铁路营业里程图》,回顾我国铁路发展历程,感受铁路建设的伟大成就。

2. 讲授正文

2021年最新版的《中国铁路营业线路图》由中国铁道出版社出版。线路图上路网交织,线路密布,充分展示了新中国成立以来,特别是党的十八大以来我国铁路建设取得的丰硕成果。

截至2021年底,我国铁路营业里程从新中国成立初期的2.1万km,增长到超过15万km,高铁营业里程从零起步增长到超过4万km。"四纵四横"高铁网全面建成,"八纵八横"高铁网加密成形。这张亮丽的成绩单彰显了在党的领导下,几代中国铁路人不忘初心、牢记使命,始终听党话,永远跟党走,赓续红色基因,持续不断奋斗取得的巨大发展成就。

回望中国铁路发展历程,能深刻感受到这一成就来之不易。1949年新中国成立之初,全国仅有2.1万km铁路。面对旧中国留下的支离破碎、满目疮痍的铁路线,当家做主的铁路人坚决响应党的号召,组织大规模抢修铁路和新线建设,在社会主义革命和建设中勇当开路先锋。从新中国成立到1978年,铁路运营里程由2.1万km增长到5.2万km,中国铁路网初步形成,铁路成为国民经济大动脉。

1978年12月,党的十一届三中全会做出了把党和国家工作重心转移到经济建设上来,实行改革开放的历史性决策。到2012年底,我国铁路营业里程由改革开放初期的5.2万km增长到9.8万km,铁路网功能逐渐完善,服务质量不断提高,铁路运力紧张与人民群众出行需求旺盛的矛盾逐步缓解。

党的十八大以来,中国特色社会主义进入新时代,党中央做出交通强国的战略部署,为新时代中国铁路事业发展提供了行动指南。在习近平新时代中国特色社会主义思想指引下,中国铁路人坚持以人民为中心的发展思想,勇担"交通强国,铁路先行"历史使命,推动铁路网规模和质量实现重大跃升。伴随哈大、合福、南广、西成、兰新、贵广、成渝、宝兰、银西、沪苏通、合杭、郑太、京张、京雄等高速铁路的开通运营，京沪、京广、东南沿海、海南环岛、沪昆、云桂、京哈、连乌等长途高铁通道全线贯通，中国逐步形成以"四纵四横"为主骨架，并向"八纵八横"加速延展的发达的高铁网。长三角、珠三角、京津冀三大城市群高铁连片成网，东部、中部、西部和东北四大板块高铁互联互通。在高铁网快速延展、加密成形的同时，世界上一次性建成且开通运营里程最长的重载铁路——浩吉铁路建成通车；世纪性战略工程川藏铁路雅安至林芝段开工建设；新的进出疆大通道格尔木至库尔勒铁路投入运营；富民兴藏的新天路，高原电气化铁路——拉萨至林芝铁路投入运营。在祖国广袤的大地上，铁路密布，高铁飞驰，从林海雪原到热带丛林，从大漠戈壁到东海之滨，铁路跨越田野阡陌，通达四面八方，一张世界上最现代化的铁路网和最发达的高铁网为 14 亿多中国人民创造着美好生活的新时空。

3.分析总结

通过观看中国铁路官方微博视频——《中国铁路营业里程图》，回顾我国铁路发展历程，感受铁路建设的伟大成就。我国铁路营业里程图的发展变化和铁路网质量的提升，体现出我国铁路从短缺到砥砺前行、吸收国际先进经验和技术，奋起直追，到目前引领世界铁路技术发展前沿，向学生传达对国家、民族的归属感和自豪感，培养学生爱国情怀和民族情怀。

案例3　铁路客运站
——专业认同、专业自豪感

【课程名称】认识实习。

【教学内容】认识铁路客运站设施与客运组织流程。

【案例意义】通过让交通运输专业学生进入铁路客运站站房、车站值班室等铁路客运作业现场，使其切身了解铁路客运站各类先进客运设施与组织技术，认识到正是因为有了这些客运设施与技术，才能可靠、高效、高质量地保障全国每天数量规模庞大的旅客出行，由此提升学生对交通运输专业的认同感与自豪感。

教学过程

1.问题导入

我国铁路每天组织开行成千上万列旅客列车，以满足服务要求多样化的广大旅客出行。而铁路客运站是铁路部门面向旅客的窗口，其服务与工作效率是保障铁路稳定有效运营、实现旅客高质量出行的关键。针对铁路多样化旅客的出行需求，请问同学们了解铁路客运站是如何确保旅客在车站各项服务都能够得到有效满足，支撑这些的是什么样的客运设施设备、采用什么样的客运组织技术？本次认识实习的客运站实习环节将让大家切身认识这些客运设施设备与组织技术。

2.讲授正文

（1）认识客运站主要客运设施设备

铁路客运站的主要功能是输送旅客，解决旅客乘车、下车、中转换车以及行包托运等问题。铁路客运站一般由站房、站前广场和站场客运建筑三部分组成，其中站房建筑是主体，包括候车部分(即各类候车室)、营业管理部分(包括售票处、行李包裹房、小件寄存处、盥洗室、客运室、运转室等)、交通联系部分(大厅、通道、楼梯)等。站前广场包括停车场、道路、旅客活动地带和广场周围的服务设施。站场客运建筑包括站台、跨线天桥和地道、检票口等设施。

候车室(厅)：站房内旅客最多和停留时间最长的地方。中小型站可采取集中候车方式，大型站宜采用分线路候车方式。候车室(厅)应选择良好的朝向，处理好自然采光和通风。候车室(厅)内应安排好座位和通道，并同各种服务设施和进站检票口密切相连。

售票处：小型站设售票室一间，安排售票柜台和存放票据的位置；大中型站应分设售票厅、票据库和办公用房，这些用房宜集中设置，以便内部联系。售票处的平面位置应避免不购票的旅客穿行。

行李包裹房：包括托运、提取行李包裹的作业处和行李包裹仓库。中小型站的行李包裹房集中设置；大型站可按照进出站流线分别设置发送的和到达的行李包裹房及仓库，以便旅客托运和提取，缩短搬运路程。同时，还应处理好托取作业、堆放和通道三者的关系，提高行李包裹房的利用率。

客运室和广播室：客运值班员须随时到各站台接发列车、接待旅客和处理有关问题，因此，客运室的位置既要能面向基本站台，又要能方便地通向候车室(厅)等旅客聚集的地方。广播室要设在能瞭望列车到发和不受旅客干扰的地方，最好又邻近客运室。

运转室：这是铁路客运站运输管理的核心，必须直接掌握列车的到发和通过，控制站场内的运行信号，指挥启闭线路。其位置宜远离旅客聚集或人流通过的地方，以保持环境安静，便于瞭望站场和接发列车。如果采用电气监视集中控制，可将运转室分别布置成运转控制室和值班室，前者位置要便于瞭望，后者要便于接发列车。

此外，广场是旅客和城市车辆集散的地方，有时还是组织室外候车和团体迎送等活动的场所。站场是停靠列车、集散旅客和行李包裹的场所。

(2)了解客运站客运组织关键技术

基于客运站投入的各类设施设备，首先采用相关组织技术优化这些设施设备的布局；在此基础上，采用各类信息通信技术、信息系统为旅客提供便捷、高效服务。

客运站流线组织技术：该技术是实现客运站售票处、行包房等设施合理布局的主要技术。客运站流线主要包括旅客流线、行包流线、车辆流线，三类流线根据进出车站方向又进一步细分为进站旅客与出站旅客流线，到达行包与出发行包流线，进站车流与出站车流。通过合理优化各流线在车站内的分布，既能减少流线之间的交叉干扰，又能缩短各流线的距离，进而依据流线在车站的分布合理布置车站各类设施的位置与规模等，为使用这些设施的流线旅客提供便捷、高效的服务。

先进的铁路售票技术：在互联网售票之前，通过铁路售票系统的网点售票已经实施多年。这个系统可以追溯到20世纪90年代，这个庞大且复杂的、跨多个路局的信息系统为广大旅客提供了便捷的售票服务。2013年12月8日，铁路部门的官方手机购票客户端——"铁路12306"正式上线试运行，向广大旅客提供列车信息查询、购票等服务。截至2022年10月，"中国铁路12306"App总下载安装次数已经超过17亿次，该App已经具备了网络购票、在线选座、网上点餐等多重服务。12306网站(含手机App)日最高访问次数已经高达2000亿次，高峰期每秒可销售 1500 张车票，单日最高售票量高达 1541.3 万张，年度销售量高达 35.7 亿张，占年度售票总量的 81.1%。

在学生认识客运站主要客运设施设备、了解一些关键客运组织技术的基础上，进一步总结肯定客运工作在保障旅客安全、高效、便捷出行服务中起到的重要作用，尤其是客运工作在其中的贡献，让学生深刻认识到客运工作的价值，提升学生对交通运输专业的认同感与自豪感。

3. 分析总结

学生在客运站的认识实习中能够学习认识到作为一名旅客所能接触到的各类客运设施设备、铁路现场内部作业各类设施设备，对客运站设施设备有一个总体性的认识，并清楚各类设施设备的功能及其相互之间的关联。同时，与现场工作人员交流学习能够使学生了解客运站各类客运组织技术，更重要的是让学生深刻体会到在旅客出行量如此巨大的客运站，铁路工作人员能够确保旅客安全、高效、高质量地出行是值得尊敬的，从而使学生对铁路工作人员从心底产生一种钦佩感，提升学生对铁路运输专业的认同感与自豪感，甘于为铁路运输事业而奋斗。

案例 4　高铁客运站
——科技是第一生产力

【课程名称】认识实习。

【教学内容】认识高铁客运站。

【案例意义】科学技术不断发展进步，教材的更新跟不上技术更新的步伐，因此高铁枢纽站的认知实习能够使学生体会理论与现实之间的差距，激发学生主动思考，了解高速铁路车站的技术装备及与其他运输方式的有机结合，内化所学内容，了解高速铁路车站的智慧化水平，使学生悟有所得，充分理解科技是第一生产力，从而使学生的价值层面得到改变，增强学生的专业认同感与自豪感。

教学过程

1. 问题导入

交通强国，铁路先行。铁路是构建现代化基础设施体系的重要组成部分，是国家综合立体交通网的主干，在畅通市场中发挥着巨大作用。铁路综合交通枢纽就是各铁路的连接点。高铁综合性枢纽站秉承站城一体化的建设理念，让铁路与城市交通完美融合，对外连接多条高铁，以高铁枢纽带动城市发展；对内采用立体交通组织方式，使车站城市空间与地铁、磁浮、地面交通等有效融合。"美好枢纽，数字赋能，让城市生活更美好"，那么我们的高铁智慧体现在哪里呢？让我们走进高铁站，领略高铁站技术装备水平和智慧化的服务以及现代化的管理水平。

2. 讲授正文

参观长沙南高铁站，该高铁站属于重要枢纽车站，也属于区域性客运交通枢纽，作为长沙市的新地标，是联结城市内外交通的重要枢纽，多条高铁线路在此交会，同时地铁、公交、出租车及社会车辆等多种交通方式在此接驳接运。

我们现在所在的位置是售票厅，众所周知，我国铁路已全面推广电子客票，大家买票多通过手机 App 或电脑在 12306 网站上购票，车站窗口售票的份额一直在下降，现的的售票窗口主要用来满足部分不太使用电子工具购买车票的中老年人群及脱网人群的购票需求，同时还要承担部分人员的退改签票业务和承担部分旅客的咨询业务。在购买了车票（含电子车票）后，就可以验票进站了，该站采用的是刷脸核验，把身份证放在人脸识别系统上，面向摄像头，由人脸识别自助验票机"刷脸"并与身份证照片做人脸识别对比，对比成功后，闸门开启即可进站。为了方便部分乘客，车站提供了人工验票通道，为了达到节能目的，采用智能化管理各项设备，无人时各设备处于休眠状态，当旅客靠近设备时可智能唤醒，同时运用智能平台统计、管理各项设备的运用及维修；为了满足部分乘客取报销凭证和购买车票的需求，旅客进站厅、出站厅及候车厅都布置有自助售票机和智能取票机，这些设备均采用智慧化管理，该类设备的布置地点应不干扰车站的进站流、出站流。

在通过安检之后，来到候车大厅，候车大厅采用的是超高的穹顶，主体采用钢结构、高透光、大空间的设计。大家都知道，列车速度越快，引起的噪声越高，采用钢结构可以有效地防止噪声对大厅造成的影响，让列车行驶时产生的噪声，一部分可以从大厅的底层穿过，自然地释放消散。高透光的设计极大地提高了自然光透射，同时也采用了基于人工智能的照明系统，尽可能地节约了能耗。大空间的设计加强了空气的流通，使旅客在候车厅时，会有一种通透、明亮、舒适的感觉，而不会产生压抑的感觉。

车站所在的高铁线路采用了基于人工智能和大数据等新兴技术的智能调度集中系统，以CTC3.0 软硬件平台为基础，拓展了列车运行计划自动调整、列车进路和命令安全卡控、列车自动驾驶（ATO）等关键功能，全面提升了列车调度指挥、运行安全保障能力和智能化水平。智能中控系统互联智能调度集中系统，可根据列车实际运行情况对智能调整后的接发车信息进行实时发布，减少了信息传递层级，确保了时效性，实现了多部门之间的协同作业。例如列车晚点进行语音自动合成、自动播报及自动显示、检票口的自动调整及检票设备的自动开闭、站台层信息的自动引导显示及智能服务引导等。可视化管理系统结合大数据及人工智能技术、5G 通信系统、列车运行状态，全方面支持对列车进出站进行可视分析，可根据列车的实际运行情况，对接发列车时间进行调整，实现进站车次及其始发站、终点站、到达时间、出发时间、检票口显示等自动滚动播放及公共信息广播提示、语音实景指路和智能线路规划等。

先进的智能监控系统的投入运用，使监控全覆盖，实现了监控零死角。先进的人脸、号牌识别监控系统，实时全程监控车站内及周围路网的旅客、车辆的通行及停留情况，帮助管理人员快速精确定位。

车站采用的高铁实景数字孪生应用平台是以数字孪生和视频监控技术打造的实时实景孪生平台，集成了人工智能、视频、机器学习和传感器数据等技术，作为轨道交通安保指挥的基础平台，用来支撑安保指挥决策。凭借数字孪生技术可使车站工作人员使用第一视角方式，沉浸式浏览站点三维场景。通过对场景漫游位置的选择，实景化指挥调度。可设置巡检路线，实现直观浏览和自动化路径巡检调度。根据突发事件及应急预案，通过三维场景标注、紧急路线显示及预案文档关联，能在真实三维场景中应急指挥，直观精准高效。通过路线标识预案及可视化调度，显示不同的疏散预案路线和安全通道路线，满足不同路线设置和标识应用需求。在站点三维地理信息场景中，针对多种监测预警等业务，提取多种警用数据，以虚拟标签的方式，实现三维空间立体精准融合显示，监测预警业务数据包括人脸、安检、客流等，警情分析主要通过对警情事件的时间规律、空间规律和案件特征进行分析，获取警情高发时间、高发地点和高发案别信息。

3. 分析总结

学生通过高铁站认识实习，能够更好地了解高速铁路车站的技术装备与智慧化管理，掌握高铁站的作业内容，理解铁路行业作业标准规范化，感受科技是第一生产力，深刻体会高铁站要想有条不紊的安全、高效、高质量地运行，需要多设备、多工种、多岗位的协调配合，从思想上认识到铁路职业的神圣使命，从而发自内心地热爱自己将要从事的职业。

案例 5　铁路调度指挥（一）
——人民至上、责任重于泰山

【课程名称】认识实习。

【教学内容】认识铁路调度指挥。

【案例意义】通过本次实践活动，让学生了解调度指挥的特点，并且牢固树立责任重于泰山的安全意识。指挥者要有高度的责任心且业务熟练，被指挥者坚决服从命令。各个岗位各司其职，始终把人民利益放在最高位置。

教学过程

1. 问题导入

请学生结合学习、生活举例说明什么是调度指挥。

调度指挥是指一定时期内为完成某项任务，由指挥者或团体对团体成员、物资等资源的调遣、管理、安排、协调的行为。从铁路"高、大、半"的特点引出统一调度指挥的必要性。

2. 讲授正文

铁路调度集中统一指挥是运输组织工作的基本原则之一，它有两层含义：一是铁路运输系统是一个统一的整体，为使各个部分协调一致地活动，必须执行统一计划，服从一个号令。二是从事运输生产及相关活动的成员在从事某一工作时，只应接受一个领导人的命令。

（1）调度指挥的两个特点

①全局性，强调整体的协调和利益。社会主义国家集中力量办大事，中国国家铁路集团有限公司（以下简称国铁集团）作为大型国企既有促进国民经济发展、维护社会稳定和组织铁路运输企业生产经营的双重性质，既代表运输企业的利益，谋取运输经营的最大效益，又要落实国家宏观经济调控政策，负有组织完成国家重点运输任务的责任。为了更高效地组织运输，必须"全路一盘棋"。

举例：在春运期间，南方局在春运前将运用车大幅压缩排往北方局，一方面为南方局腾出运输能力，满足旅客运输需要；另一方面将运用车往北方局集结，满足北方局装车需求，实现运力资源的优化和高效配置。同时，举全路之力实行各局间客车底调用，仅2014年春运外局支援广铁的客车车底达到46组874辆。正是有了"全路一盘棋"的调度指挥，为实现铁路春运"安全出行、方便出行、温馨出行"的目标奠定了基础。

②强制性，要求被指挥者必须严格执行，不得违反。2014年2月12日，为畅通干线及分界口运输，总公司调度处先后发布0852号、0853号调度命令，要求郑州局在安阳站和梁堤头车站克服困难接车。郑州局当班值班主任为维护本局局部利益，没有站在"全路一盘棋"的高度，以限制车流已经接够、郑州西和宁陵县卸车积压、管辖范围内保留及备用列车较多等为借口，指示列调台、计划员拒不执行国铁集团命令，造成上述列车在邻局长时间等线，影响分界口运输畅通，浪费通过能力，受到国铁集团总公司全路通报批评和考核。

（2）"4.28"特大事故案例分析

事件："4·28"胶济铁路特别重大交通事故。

2008年4月28日4时41分，北京开往青岛的T195次旅客列车运行至山东境内胶济铁路周村至王村间脱线，第9节至第17节车厢在铁路弯道处脱轨，冲向上行线路基外侧。此时，正常运行的烟台至徐州的5034次旅客列车刹车不及，最终以每小时70km的速度与脱轨车辆发生撞击，机车(内燃机车编号DF11-0400)和第1节至第5节车厢脱轨。事故造成72人死亡，416人受伤，被认定是一起人为责任列车事故。

追踪：

济南局对施工文件、调度命令管理混乱，用文件代替临时限速命令极不严肃。

济南局列车调度员在接到2245次列车反映现场临时限速与列车运行监控记录装置中数据不符时，济南局于4月28日4时2分补发了k293+780~k290+784处限速80km/h的4444号调度命令，但该命令没有发给T195次机车司机，漏发了调度命令。

王村站值班员对4444号临时限速命令没有与T195次司机进行确认，也未认真执行车机联控。同时，北京局在没有接到154号文件，也未确认限速条件的情况下，就盲目修改运器芯片；机车乘务员没有认真瞭望，失去了防止事故发生的最后时机。

处理：

2009年5月26日，国务院对此次安全事故的调查处理报告做出批复，共37名事故责任人受到追究。

3.分析总结

铁路运营从上到下，安全责任牵涉到很多岗位。"4·28"胶济铁路特别重大交通事故涉及机车司机、车站助理值班员和值班员、路局调度所列车调度员、施工调度员等，上述人员违反铁路规章制度，后果特别严重，均构成铁路运营安全事故罪。惨痛事故，给国家和人民生命财产安全造成重大损失，令人扼腕叹息。安全生产，须警钟长鸣。运输生产的一线工作人员，特别是调度员，责任重于泰山，必须始终把人民利益放在最高位置，严格按照规章制度办事，不能抱有任何侥幸心理，把安全生产落实到每一分钟。

案例6 铁路调度指挥（二）
——坚持系统观、弘扬奉献精神

【课程名称】认识实习。

【教学内容】认识铁路调度指挥。

【案例意义】通过介绍铁路运输调度概况、铁路运输调度的机构设置及任务、车流预测与调整以及列车调度员工作，培养学生系统思维方式的整体性，对事情进行全面细致思考，同时结合调度员的工作内容与强度，让学生领会铁路人的奉献精神。

教学过程

1. 问题导入

铁路运输是一个复杂的大系统，这一庞大的系统具有线长、点多、工种多、分工细、连续性强等特点。为使各环节协调配合，铁路运输生产必须实行集中统一指挥的管理原则。凡与运输有关的部门、工种都必须在运输调度的统一指挥下进行日常生产活动。如何从总体上对铁路进行调度指挥，铁路调度指挥的内容有哪些？（第一问）

2. 讲授正文

首先与学生讨论铁路运输调度系统的组织结构。我国调度指挥实行各级运输调度集中管理、统一指挥的原则，国铁集团设调度处，铁路局集团公司设调度所，技术站设调度室等。引出问题：为了确保铁路日常行车调度工作的正常运转，铁路各级进行运输调度工作所遵循的原则是什么？（第二问）接下来给学生讲解车流预测与调整以及列车运行调整计划。车流预测是进行车流调整的重要依据，只有准确预测车流的分布情况，才能预见性地采取有效的运输调整特别是车流调整措施。而列车运行调整计划是列车调度员组织列车运行调整的综合部署，也是实现列车运行图、列车编组计划、运输方案和日班计划的具体行动计划。让学生深刻思考车流预测与调整以及列车运行调整计划在铁路运输调度中的重要地位（第三问），然后与学生重点讨论列车调度员的工作。列车调度员在进行列车调整时，一般会遵循"先客后货""先快后慢"的原则，按照规定的列车等级，组织合理列车会让、越行等，积极主动采取措施恢复晚点列车的正点运行。为了实现这一任务，列车调度员必须熟悉与行车有关的生产人员和技术设备，熟悉列车运行图、列车编组计划、车站行车工作细则等技术文件和有关的规章制度，掌握气候变化对列车运行影响的一般规律，善于针对不同的条件和列车运行情况灵活运用各种列车运行调整方法，充分调动有关员工的积极性，组织他们按照列车运行图的要求进行工作。

同时提出问题：列车调度员为使晚点列车恢复正点一般采用哪些列车运行调整的方法？（第四问）最后结合学习内容，选择合适的热点新闻，介绍中国铁路在新型冠状病毒感染疫情初期停开列车，开行防疫物资专列、复工复产专列，来展示铁路运输调度响应国家号召，各级调度员坚决服从上级调度命令，发挥运输神经中枢作用，疏通"防疫"大动脉。通过实际案例的吸引力和感染力，使学生在学习中共鸣于铁路的社会责任和奉献担当，明确铁路调度指挥服从国家指挥，国家的利益至高无上，国家和人民的安全至上的原则，升华热爱祖国、热爱铁路的情感。

3. 分析总结

本案例引出铁路调度指挥的相关内容，简要讨论了铁路运输调度系统的组织结构，强调系统性、全局性思维，讲解车流预测与调整以及列车运行调整计划，最后通过讲解调度员的职能来让学生充分感悟铁路人的社会奉献精神。国铁集团调度处、铁路局调度所应及时正确发布与运输有关的调度命令，下级调度以及行车有关人员必须坚决执行。指挥者要有高度的责任心且业务熟练，被指挥者坚决服从命令。而铁路人各司其职，始终把人民放在心中最高位置，人民铁路为人民，团结奋斗无私奉献，谱写了新时代中国铁路发展的新篇章。

案例 7　编组站的功能、地位及发展
——专业责任感、铁路情怀

【课程名称】认识实习。

【教学内容】认识编组站的功能、地位及发展。

【案例意义】通过认识和了解我国铁路编组站的功能、地位及发展，增强学生对铁路运输专业的专业认同和责任感，增强"学铁路、干铁路、爱铁路、荣铁路"的铁路情怀和使命担当。

教学过程

1. 问题导入

铁路编组站素有铁路货物列车的"制造工厂"、铁路货运的"航空母舰"、铁路路网的能力"蓄水池"、铁路路网的效率"发动机"等美誉，那么铁路编组站到底有什么具体功能？在铁路系统中有什么样的地位？在社会发展进程中其又会经历怎样的发展呢？

2. 讲授正文

（1）铁路编组站到底是干什么的？

通常，我们说铁路编组站是铁路货物列车的"制造工厂"。在铁路网中，凡办理数量较大的货物列车的解体编组作业，并为此而设有专用调车设备的车站都称为编组站。从定义可以看出，解体和编组货物列车是编组站的主要技术工作。解体作业，简单地说就是根据改编的货物列车中每节车辆（几节车辆）的去向将它们分开，即去往同方向的车辆分在同一条编组线上。编组作业，就是将去往同一方向或同一地点的车辆进行选编，连接在一起，组成新的列车。因此，编组站是列车"消逝"和"产生"的地方，编组站也就被称为货物列车的"制造工厂"。

作为编组货物列车的大型"工厂"，每天都会有来自全国各地的货物列车在这里解体、集结，然后按照到达方向、货物品类等重新编组成列后，发往全国各地乃至境外。这里既有满载粮食、煤炭、机油、化肥等为全国各地所需生产生活物资的货物列车，也有装满各类"中国制造"服务"一带一路"国家的中欧班列。因此，铁路编组站又被称为铁路货运的"航空母舰"。

（2）铁路编组站在铁路系统中有何地位？

通常，根据编组站在铁路路网中的位置、作用和承担的作业量，可以将编组站分为路网性编组站、区域性编组站和地方性编组站三大类。

路网性编组站是位于铁路路网、枢纽地区重要地点的大型编组站，它衔接 3 个及以上方向，承担大量中转车流改编作业（日均出、入有调中转车达 6000 辆），编组大量技术直达和直通列车，如丰台西、郑州北、株洲北等特大型、大型编组站。

区域性编组站是位于铁路干线交会的重要地点的大中型编组站，它一般衔接 3 个及以上方向，承担较多中转车流改编作业（日均出、入有调中转车达 4000 辆），编组较多技术直达和直通列车，如长春北、西安东、成都东、贵阳南等编组站。

地方性编组站是位于铁路干支线交会点、铁路枢纽地区或大宗车流集散的港口、工业区的中小型编组站，承担中转、地方车流改编作业（日均出、入有调中转车达 2500 辆），编组较多技术直达和直通列车，如怀化南、安康东、昆明东、芜湖西等编组站。

不管是哪一类型的编组站，它都是铁路运输生产链中重要的基础设施，是路网中车流的主要集散点，它的合理布局和分工，对优化路网结构、提高路网运输能力；优化机务、车辆、工务、电务等运输生产力布局，提高机车、车辆利用效率；优化运输组织、提高运输生产效率与效益；加快货物送达速度，提高社会经济效益等均具有重要作用。因此，编组站又被称为铁路路网的能力"蓄水池"、铁路路网的效率"发动机"。

（3）铁路编组站在社会发展进程中会如何发展变化？

随着社会经济的不断发展、铁路路网规模的不断扩大及运输技术的不断进步，铁路编组站的布局、规模及分工也将需要适应新的运输形势进行调整。如随着列车群组运行技术的发展，铁路编组站的能力需要进一步优化；随着"一带一路"的发展，中西部的编组站布局将进一步加强和完善；随着编组站自动化程度进一步提高，编组站解编能力将进一步提高，编组站的工作环境将进一步提升，对人才的需求也将更加强调高素质。这些发展变化也都需要同学们去创新推动。

3. 分析总结

通过现场参观、实地讲解，学生从感性认识上提升了解我国铁路编组站的功能、地位及发展，增强了学生对铁路运输专业的认同感和责任感，增强了"学铁路、干铁路、爱铁路、荣铁路"的铁路情怀和使命担当。

案例 8 编组站综合自动化系统
——发展才是硬道理

【课程名称】认识实习。

【教学内容】了解编组站综合自动化系统。

【案例意义】编组站是指在铁路网上办理大量货物列车解体、编组作业，编组直达、直通和其他列车并为此设有比较完善的调车设备的车站。它在完成铁路货物运输任务中，起着十分重要的作用。如何从根本上改变编组站传统的人工作业方式，改善作业条件，减轻劳动强度，加强运输生产安全，提高生产效率，意义非常重大。通过对某编组站的介绍——该站从简易驼峰、机械化驼峰到自动化驼峰，现在用上了编组站综合自动化系统（SAM），几十年时间铁路编组站的设备不断更新，不断现代化，使学生理解发展才是硬道理，增强学生的爱国热情。

教学过程

1. 问题导入

编组站位于铁路路网内的重要支点处，对路网起到重要的支撑作用，同时，在支点处将有大量的车流密集到发，编组站的运输工作组织会对全路的运输产生极大的影响。目前，铁路编组站的驼峰调车场基本上实现了作业自动化，在有关部门的作业过程中实现了计算机信息管理，如现车信息管理系统、货车车号自动识别系统、列车进路微机联锁、驼峰溜放车辆进路和速度微机控制系统等。

2. 讲授正文

（1）SAM 的作用及意义

①车站管控信息共享，提供"管理者驾驶舱"，提高车站运营管理水平。

②作业过程自动化控制，提高车站的作业能力与效率。

③适应车站运营管理模式的变更与调整，支持集中式管理。

④作业计划编制优化且科学有效；调度指挥闭环调控、智能决策、实时调整。

⑤系统与现场作业实际同步，提供实时、准确的作业信息，自动生成统计报表及分析。

⑥局站运输管理信息共享，发挥信息化的整体效益。

（2）SAM 的总体结构

SAM 由信息管理系统和过程控制两大部分组成，信息管理部分包括调度系统、现车管理、货运管理、统计分析系统和车站技术作业图表信息展现，作业过程控制部分包括编组站集中控制系统与综合表示、计算机联锁、驼峰自动控制、停车器控制、调车机车综合控制、停车器自动控制、微机监测与环境监测。编组站集中控制系统负责实现信息管理与作业过程控制之间管控信息的融合与共享，将满足执行条件的信息管理系统的作业命令转换为作业过程自动控制系统可执行的指令，将控制系统的执行结果反馈信息管理系统，构成控制闭环。系统通过 TMIS、TDCS 网络，与铁路局运输信息管理系统连接，实现局站间的信息共享，局站互动、实时调整。系统技术支持为 SAM 提供网络与数据库环境，确保信息安全、实时交互。运输安全综合监测为综合自动化系统安全、有效地运行，提供技术支持与保障。

（3）编组站综合管理系统

编组站综合管理系统作为编组站综合集成自动化系统 SAM 中的调度层、管理层和决策层，由现代电子技术、计算机技术、有线与无线网络通信技术、数据库技术以及大量系统软件与应用软件构成，在功能层面上覆盖传统的编组站现车管理、编组站调度表示，包括编组站内接发车、本务机车折返、调机工作及调车作业等调度计划管理、过程管理与统计管理的处理功能，在此基础上全面实现计划自动执行与反馈，实现列车进路、调车进路、机车进路等过程控制的自动办理，并支撑调机自动化的车载信息与各种控制。

3. 分析总结

发展才是硬道理，这既是一个非常深刻的命题，又是一个非常普遍的真理。目睹铁路的发展，祖国永远在我心中。

案例 9　中欧班列

——民族精神，人类命运共同体

【课程名称】认识实习。

【教学内容】认识中欧班列。

【案例意义】通过组织学生参观铁路的集装箱货场，认识中欧班列，感悟民族精神和人类命运共同体情怀。

教学过程

1. 问题导入

物流工程专业的认识实习一共是两周时间，将安排学生到广铁集团广州货运中心大朗货场以及深圳盐田国际集装箱货场参观学习。在货场里总会看到大量印有"中欧班列"字样的集装箱，这些堆积如山的集装箱将来会被编列成一列列的集装箱班列跨越亚欧大陆抵达欧洲。随着中国的影响力提升，国际的合作日益密切，中欧班列沿途国家经贸交往日益活跃，国家间铁路、口岸、海关等部门的合作日趋密切，这些有利条件为"一带一路"倡议中将丝绸之路从原先的"商贸路"变成产业和人口集聚的"经济带"发挥了重要作用。

2. 讲授正文

中欧班列（英文名称为"CHINA RAILWAY Express"，缩写为"CR Express"）是由国铁集团组织，按照固定车次、线路、班期和全程运行时刻开行，运行于中国与欧洲以及"一带一路"沿线国家间的集装箱等铁路国际联运列车，是深化我国与沿线国家经贸合作的重要载体和推进"一带一路"建设的重要抓手。

从无到有，从"零"破"万"，中欧班列已经成为中国的一张亮丽名片，随着"钢铁驼队"的脚步不断向前，中欧班列逆势而上的"中国力量"，不仅促进了亚欧大陆两端的区域整体发展，更为世界经济复苏注入了新的活力。

中欧班列续写源远流长的"中国奇迹"。古有悠悠驼铃响彻神州，今有嘹亮汽笛传遍亚欧，丝绸之路为中华上下 5000 年的悠久历史书写了浓墨重彩的一笔。如果说丝绸之路是古人打通欧亚大陆的一次尝试，那么在以航空运输、海洋运输和公路运输为主的现代化社会中，中欧班列的开行又何尝不是一次"破冰之旅"呢？仅仅十年时间，中欧班列就成为亚欧大陆的经济贸易路，它不但增强了国家彼此之间的经济繁荣，更让中国和欧洲紧密联系在一起，形成了利益共同体，中欧班列的开行意义早已超越单纯的物资运输，进一步扩大到一种理念的传播，传播人类命运共同体的中国理念。

中欧班列传递责无旁贷的"中国担当"。在"运出去"和"拉进来"中，中欧班列在探索中前进，以"创新"为"驱动"，通过研发保温集装箱突破了冬季运输瓶颈，设立欧洲联络处以提高双向运输效率、降低运输成本。依靠稳定常态化开行的双向、公共、固定班列，中欧班列出境货物也从最初的小商品和电子产品为主逐步丰富到纺织品、汽车及配件、机械装备、家具等，让逐渐崛起的国货也能走上世界的舞台。同时，西班牙红酒、波兰牛奶、保加利亚玫瑰精油、德国汽车等国外产品，都能顺势搭上中欧班列的国际列车，进入中国市场。

中欧班列为全球经济复苏注入强心剂。满载货物的中欧班列往返于沿线国家，双边贸易不断升温，不仅丰富了我国的市场供应，也有利于中国商品走出去，为沿线国家提供供给。中欧班列开行数量、质量逆势增长，印证了我国在生产、物流、消费、贸易等各关键环节的全面恢复，凸显出中国经济发展的韧性和活力。

中欧班列为"一带一路"建设带来新动力。中欧班列凭借安全稳定、运量大、运速快、成本均衡等独特优势打通了国际运输新通道，迅速弥补了国际物流运输需求，不仅为我国外贸提供了有力的运输保障，也为稳定全球产业链做出了贡献。

3. 分析总结

中欧班列的运营和发展，不仅使我们在民族精神方面受到鼓舞，为构建人类命运共同体奠定基础，同时也为中国经济发展注入新活力。货物流通的背后，是供给侧的有力保障，中欧班列运输的货物品类不断丰富，涉及家用电器、机械装备、医药器械等诸多领域，在带动国内原材料供应、装配制造、物流配送、经贸服务等上下游产业发展的同时，也催生出跨境电商"中欧班列+海外仓"的全新业态。中欧班列不仅有助于我国持续优化供应链、产业链布局，也有助于激发我国市场活力、增强发展内生动力，在现今的国际形势下，对实现国内国际双循环更具有重大意义。

案例 10　道路交叉口流量调查
——实践出真知

【课程名称】认识实习。

【教学内容】道路交叉口流量调查。

【案例意义】通过道路交叉口流量调查实践过程的教学，使学生了解交叉口各个数据量的统计与计算，明白实践出真知的含义，践行"知行合一"理念。

教学过程

1. 问题导入

请同学们结合学习、生活举例，交通调查可能有哪些对象？

交通调查的含义是什么？有哪些内容？交通量调查有哪些相关的调查方法？

2. 讲授正文

交通调查（traffic survey）是指为了找出交通现象的特征趋势，在道路系统的选定点或路段，收集和掌握车辆或行人运行情况的实际数据所进行的调查分析工作。而交通调查的意义是科学决策和科学研究的基础：①正确决策来源于科学的预测，科学预测的基础是准确的调查数据；②交通调查为交通规划、交通设施建设、交通控制与管理和交通流理论研究提供依据。

交通调查的对象：①交通设施：公路网、城市道路网、交通控制设施、道路条件等。②居民特性：出行者特性、驾驶员特性等。③运行参数：流量、速度、密度、延误等。④其他：交通事故、停车、行人、货运流向等。

交通调查的主要内容：①交通流要素调查，如交通量、车速、密度以及与其有关的车头间距等。②交通需求调查，如车辆 OD 调查、居民出行调查等。③交通事故调查，如事故发生次数、伤亡性质、地点、原因的调查。④交通环境调查，如噪声、废气、振动、电磁场干扰等调查。

交通量采集方法及技术有人工观测法、仪器自动检测法、流动车观测法和录像观测法。

（1）人工观测法

安排人员在指定地点按调查工作计划进行交通量调查的方法。调查人员用原始记录表格配合计时器以画"正"字等方式记录来往车辆，也可以采用机械或电子式的简单计数器进行。

优点：方便灵活，易于掌握，调查资料整理方便，调查地点、环境不受限制；适用于短期、临时的交通调查。

（2）仪器自动检测法

压管式检测器：依靠车轮挤压一条充气的或充液体的软管，通过气体或液体传递的压力触发开关计数。

感应线圈式检测器：依靠埋入路面面层内的一个或一组感应线圈产生电感，车辆通过时导致该电感变化从而检测通过的车辆。

超声波检测器：检测器发射一个连续的超声波射向驶近车辆，由于多普勒效应引起来车反射能频率的变化，从而检测到所通过的车辆。

优点：可以节省大量人力，使用方便，可以同时进行广泛的调查，精度也较高。

缺点：一次性投资大、使用率不太高、车辆类型及车辆分流流向分辨能力差、无法获取轴载数据等。

（3）流动车观测法

流动车观测法又称浮动车观测法，其特点是可以同时获得某一路段的交通量、行驶时间和行驶车速。

优点：可同时测得行程速度与流量，内业工作量小。

缺点：道路沿途有交叉口或交叉口间距短、交通流不稳定等情况下不宜采用；观测精度低。

注意：观测车的车速尽可能接近车流的平均速度，当交通量很小时，则应接近调查路段的限制车速；对于多车道的情况，最好变换车道行驶。要尽可能使超车数与被超车数接近平衡，特别是当交通量不高时更应如此。

（4）录像观测法

利用录像机（摄像机、照相机等）作为便携式记录设备，通过一定时间的连续录像给出一定时间间隔的或连续的交通流详细资料的方法。

优点：现场人员少，资料可长期反复利用。

缺点：整理资料工作量大，花费人工多，费用高。

3.分析总结

本案例首先引导学生了解交通调查的含义及意义，并介绍交通调查的对象及内容，紧接着就交叉口流量调查实践，介绍交通流量调查的方法及各自对应的优缺点，可以在适用的场景下选择合适的流量调查方法。"纸上得来终觉浅，绝知此事要躬行"，当代大学生的学习不能只拘泥于书本，要付诸实践，到现场亲身体会，才能更明白纸上的文字中蕴含的更深层次的含义。

案例 11　城市交通信号控制
——弘扬工匠精神，坚持发展以人为本

【课程名称】认识实习。

【教学内容】城市交通信号控制。

【案例意义】通过分析城市交通信号控制系统的发展进程，来突出我国在城市交通信号控制方面取得的傲人成绩，让学生了解城市交通控制系统的发展历程，体会交通人的工匠精神。以城市路网信号控制整治案例为切入点，让学生深切体会信息化交通信号控制系统是如何有效提高路网通行效率的。同时，引导学生畅想未来交通的宏伟蓝图，激发对交通强国的热情。

教学过程

1. 问题导入

请同学们结合生活，举例说明交通信号控制系统在城市交通系统中发挥着什么作用。

通过路口交通灯控制机、数据监测与传输设备等，交通信号控制系统能够将相互冲突的交通流在时间和空间上适当分离，确保交叉口范围内的交通安全，充分发挥现有道路在交叉口的通行能力，同时也可以减少噪声、废气等交通污染。随后，从城市交通信号控制的发展历程，引出城市信号控制的必要性和有效性。

2. 讲授正文

从狭义上讲，城市交通信号控制就是以路口和路段为目标的交通红绿灯控制；而广义上的城市交通信号控制是以实现区域化协调控制为目标的交通控制，是智能交通系统的重要组成，同时也是智慧交通管理的主要支持系统。

（1）城市信号控制系统的发展历程

我国城市交通信号控制始于 20 世纪 70 年代，至今大致经历了四个阶段，即单点交通信号控制、区域协调交通信号控制、智能化交通信号控制和大数据驱动的交通信号协同控制。

①单点交通信号控制。最初，我国的交通信号处于手动控制阶段，由岗亭的民警拨动控制机上的开关来控制红绿灯的切换。随着自主技术在交通信号控制上的研究与应用，北京、上海、广州、沈阳等大城市开始了单点定周期交通信号控制机的生产和应用，交通信号控制机成为一种电子自动控制装置。

②区域协调交通信号控制。20 世纪 80 年代，我国的道路交通信号控制仍处于试点应用阶段，通过"引进应用—消化吸收—自主研发"，"七五"重点科技攻关研制了第一个实时自适应城市交通控制系统（"2443"工程）基本达到当时国际先进水平；"八五"重点科技攻关研发了"城市交通控制系统应用技术"，重点解决了交通控制系统的工程化技术问题。

③智能化交通信号控制。20 世纪末及 21 世纪初，国家持续支持新一代智能化交通控制

系统的研发应用，逐步形成具有分布协同功能的集成化交通信号控制系统，我国开始进入智能交通管理系统建设与发展阶段。

④大数据驱动的交通信号协同控制。近年来，随着新一代信息与通信技术(ICT)的应用拓展和城市交通大脑的出现，交通信号控制进入智慧化发展新时代。基于多源交通数据与智能学习决策技术的融合应用以及交通信号统一管控平台的建设，城市信号控制系统实现了城市全域交通联网联控，有力提升了交通信号控制的精细化、智能化管控水平。

(2)城市信号控制优化案例分析(以益阳市主干道交叉口为例)

优化前：在城市两个主干道相交处，各进口道流量饱和，行人过街需求旺盛。但是，由于没有实行联控，车辆停车先排队再放行，产生了很大的延误，并且上游没有控流，车流之间横向干扰大。

优化策略：根据实际情况，遵循"以人为本、保障路权"的新理念，量身打造适合的整治方案。首先，通过调整相位相序、信号参数、相位差，加装红灯倒计时器，实现早高峰优化，便民出行。其次，采取"南北干线双向绿波+内外环绿波"方案，并将环岛设计成不停车方案，提高交通秩序、减少交通事故。

优化后：实现路口渠化设计、相邻路口联控，同时对路段进行多时段精细化控制，减少驾驶员降速次数，节省出行时间。

3. 分析总结

对比国内外的城市交通信号控制发展历程，我国城市信号控制起步虽晚但进度惊人，每一次跨越都离不开国家的全力支持和交通人的艰苦奋斗，这是中国人的骄傲与自豪。同时，我国城市交通拥堵这一"城市病"仍将长期存在，交通信号控制的发展必须紧跟新时代、新技术要求，朝着更全面、更智能、更绿色的方向前进，这是我们的责任和使命。作为交通人，我们应该大力弘扬交通人的劳动精神、工匠精神，坚持以人为本的发展理念，以强烈的使命感和高度的责任感，投身交通强国的伟大建设中！

案例 12 安全是运输的生命线
——安全责任意识和职业精神

【课程名称】认识实习。

【教学内容】运输安全教育。

【案例意义】通过对学生进行安全教育，强调安全是运输的生命线，理解所有工作人员在交通运输生产过程中都要秉持安全第一的信念和规范完成各项工作，建立运输安全第一的责任意识和职业精神。

教学过程

1. 问题导入

铁路运输的安全状况反映铁路的管理水平、设备质量、人员素质和社会秩序的状况，是铁路运输质量的重要表现。那么，保障铁路运输安全生产到底有多重要，又是如何做到的呢？

2.讲授正文

铁路运输安全是铁路运输生产最重要、最核心的工作内容。铁路运输生产过程中，既要保证旅客的生命财产不受损伤，也要保持货物完整无缺地。我国铁路运输生产部门贯彻安全第一方针，制定了完善的规章制度，开展标准化活动，严格作业纪律，加强设备检修，不断采用新装备、新技术，以保证运输安全。所有旅客的运输安全、行李包裹运输安全都取决于行车安全，因此还制定了控制及考核运输安全的有关事故规则。其中，行车事故主要有冲突等52 项，按损失程度分为重大、大、险性、一般 4 类行车事故；旅客伤亡事故分为死亡、重伤、轻伤 3 类；行李包裹事故主要是丢失、破损等 7 项，按损失大小分为重大、大、一般 3 类；货物运输事故主要有火灾、被盗、丢失等 9 项，也按损失程度分为重大、大、一般 3 类。

展示近些年铁路重大安全事故资料，资料中包括事故情况说明、原因分析等。

示例案例：2011 年 7 月 23 日，甬温线浙江省温州市境内，由北京南站开往福州站的D301 次列车与杭州站开往福州南站的 D3115 次列车发生动车组列车追尾事故，造成 40 人死亡、172 人受伤，中断行车 32 h，直接经济损失近 2000 万元，为铁路运输的安全问题又一次敲响了警钟。

展示相关视频和图片资料，要求学生仔细阅读资料，关注的事故原因分析，学习小组讨论并派代表在课堂中讲述对各类原因责任划分中有关铁路职工工作不认真而产生的不良后果的分析和感受，教师进行点评，引导学生在学习、工作、生活中保持认真负责的态度。

3.分析总结

广大铁路职工和学生要爱岗敬业、细致认真工作，用心对待每一项作业，克服麻痹想法、不存侥幸心理，强调铁路生产安全第一的意识和对待本职工作的责任感。做人做事，都必须做到认真负责，都必须有高的要求和定位，只要秉承一个认真的态度，专注去做一件事，那么这件事一定会做得更加出色。

2

生产实习

教学内容和思政融合设计

序号	教学内容	思政映射与融入点	编者
1	知识点：铁路编组站生产实习——编组站生产力布局与布置图设计	案例1：编组站生产力布局与布置图设计——因地制宜、科学设计	李烨
2	知识点：铁路编组站生产实习——编组站调车设备的发展	案例2：中国铁路编组站调车设备的发展——科技创新永无止境	叶峻青
3	知识点：铁路编组站生产实习——驼峰提钩自动化	案例3：提钩机器人的应用之路还有多远？——勇于探索的创新意识和创新思维	陈维亚
4	知识点：铁路货运生产实习——货运中心货场管理	案例3：货运中心货场管理——守正创新、细节决定成败	冯芬玲
5	知识点：铁路货运生产实习——货运中心营业室主任工作	案例5：货运中心营业室主任工作——敬业、精益、专注、创新的工匠精神	朱晓立
6	知识点：铁路货运生产实习——铁路货运检查	案例6：铁路货运检查——防微杜渐，坚守安全底线	徐光明
7	知识点：铁路客运生产实习——铁路客运站工作组织	案例7：铁路客运站工作组织——专业责任感与使命感	周文梁
8	知识点：铁路客运生产实习——铁路客运信息化建设	案例8：铁路客运服务信息化建设——以人为本，持续创新，不断强化服务品质	李传耀
9	知识点：铁路客运生产实习——铁路客运定价体系的发展	案例9：我国铁路旅客运输运价体系的发展历程——人民铁路为人民	胡心磊
10	知识点：铁路行车生产实习——铁路运输调度的机构设置	案例10：铁路运输调度的机构设置——运筹帷幄、决胜千里	肖龙文
11	知识点：铁路行车生产实习——运输调度按图行车	案例11：运输调度按图行车——凡事预则立	付延冰
12	知识点：铁路行车生产实习——运输调度指挥模拟操作	案例12：CTC/TDCS系统操作——提升组织管理水平和培养团队协作精神	张云丽
13	知识点：铁路行车生产实习——突发情况下行车作业组织与天窗设置	案例13：突发情况下行车作业组织与天窗设置——注重应急管理，防微杜渐	张英贵 宋晓东

案例1 编组站生产力布局与布置图设计
——因地制宜、科学设计

【课程名称】生产实习。

【教学内容】铁路编组站生产实习——编组站生产力布局与布置图设计。

【案例意义】通过本次实践活动，再次深入了解和掌握编组站在铁路运输工作中的地位和作用、编组站生产力布局、布置图设计与实际作业需求之间的关系，培养学生树立因地制宜布局生产力和开展车站科学设计的理念。

教学过程

1. 问题导入

问：请同学们回顾在认识实习和铁路站场及枢纽课程上所学知识，谈谈株洲北编组站的布置图和地位？（第一问）

答：株北编组站为双向纵列式三级七场，全站设有下行到达场（Ⅰ场）、下行调车场（Ⅱ场）、下行出发场（Ⅲ场）、上行到达场（Ⅳ场）、上行调车场（Ⅴ场）、上行出发场（Ⅵ场）、交换场（Ⅶ场）、株洲运转区和附属"田心站"。其按照业务性质划分，为货运站；按技术性质划分，为编组站；按等级划分，为特等站。

2. 讲授正文

首先和学生讨论编组站的概念。概念：编组站是在铁路网上办理大量货物列车解体、编组作业，并为此设有比较完善的调车设备（驼峰、专用调车机车等）的车站。提问：编组站和区段站有何种异同？（第二问）回答见表2-1。

表2-1   编组站和区段站的区别

项目	编组站	区段站
货物列车作业	改编中转货物列车	无改编中转货物列车
本站作业车	小运转列车	货场、专用线
客运业务	很少	根据情况
机务作业	作业多	根据情况
车辆作业	车辆段	不一定是车辆段所

在回顾了基础的概念知识后，提问：请同学们思考一下，在铁路站场及枢纽课程上，曾经介绍过双向三级六场编组站，今天大家实习来到的株洲北站为什么是三级七场，多了一个什么场？（第三问）答：多了一个交换场（Ⅶ场）。接着提问：请同学们进一步思考，为什么在株洲北站要多设置一个交换场？（第四问）答：因为双向三级六场编组站的两个调车系统间交换折角车流的走行距离长，重复作业较多，而株洲北站作为一个大型编组站，衔接多个方向，

折角车流较多，因此需要根据车站实际需求，因地制宜增设交换场，满足折角改编车流的作业需求。

最后以株洲北站布置图与教材上介绍的布置图设计方法进行对比，引导学生思考实际开展车站设计的时候，应该遵循何种原则呢？（第五问）

因地制宜开展设计：编组站的作业量随铁路运量的变化而变化，按照路网发展规划和该编组站在路网中的地位和作用，根据运量增长和运营需求，近远结合，以近为主，统筹规划，有计划、有步骤地设计和建设初、近、远期工程，使编组站的规模始终和其所承担的作业相适应，满足经济发展的需求，因地制宜开展车站设计，而不能拘泥于书本上的理论知识。

3. 分析总结

本案例通过层层递进的方式，在生产实习过程中让学生逐步回顾所学，从编组站的定义、编组站的作业、株洲北站实际布置图与书本介绍内容的异同等问题中巩固编组站生产力布局与设计应遵循因地制宜科学设计的理念。

案例 2　中国铁路编组站调车设备的发展
——科技创新永无止境

【课程名称】生产实习。

【教学内容】铁路编组站生产实习——编组站调车设备的发展。

【案例意义】通过学习本案例使学生知道我国铁路编组站调车设备是如何从一穷二白到跟跑、领跑的发展历程。自动化程度高既提高了劳动效率，又更好地保障了人车安全。要国家强盛、民族复兴，满足人民日益增长的美好生活需要，科技创新永无止境。

教学过程

1. 问题导入

大家知道编组站最重要的设备是什么吗？是调车设备。调车设备自动化程度的高低直接影响了编组站的解编效率，进而影响车辆的周转时间和货物的送达速度。

2. 讲授正文

中国铁路编组站调车设备的发展，从 20 世纪 50 年代后期开始，经历了五次发展。

（1）简易驼峰

20 世纪 50 年代以前，我国虽然已修建了一些编组站，但大多数为区段站型，股道少，有效长短，平面调车，效率低，劳动强度大。1958 年，在丰台站建成中国第一个简易驼峰(也称"土驼峰")之后，"大跃进"两年多时间，在全国修建起 150 多处简易驼峰，由平面调车转入驼峰调车，是调车作业技术发展的第一次飞跃。随着简易驼峰的改进，在一些区域性和地方性编组站又广泛发展非机械化驼峰。

（2）机械化驼峰

1960 年，在苏家屯编组站建成中国第一个机械化驼峰，成功地使用车辆减速器(设 2~3 个制动位，编组场内用铁鞋制动)，大大减轻了制动员的劳动强度。实践证明，机械化驼峰比简易驼峰、非机械化驼峰能力可提高 30%~50%。20 世纪 60 年代至 70 年代中期，中国一些路网性编组站大多采用这种调速制式，是编组站调速技术的第二次飞跃。

（3）半自动调速系统

1978 年，在丰台西编组站首先建成了驼峰半自动调速系统，1979 年哈尔滨站下行场采用的减速器-减速顶调速系统建成投产，至 1985 年，基本上实现了以丰西、南翔为代表的点式调速系统，以西安东为代表的点连式调速系统和以广州北、艮山门为代表的连续式调速系统，半自动和自动化调速技术迅速发展起来。这是编组站调速技术的第三次飞跃。

（4）综合自动化编组站

1989 年，郑州北站上行场建成驼峰作业过程自动控制系统（包括溜放车辆速度微机分布式点连式自动控制系统、驼峰溜放进路微机自动控制系统、驼峰推峰机车无线遥控系统）和峰尾微机联锁控制系统及编组站现车管理信息系统等，建成中国第一个调车作业综合自动化的编组站。在编组站调车作业自动化的研究中，特别是中国依靠自己的力量首创了减速器-减速顶点连式调速方式，为编组站现代化建设探索出了一条新的路子。

（5）新一代编组站综合自动化系统

编组站综合自动化系统作为我国编组站技术装备和运营理念全面创新的核心成果，是我国铁路货运减员、增效、保安全的关键技术，是铁路技术体系和装备现代化的重要组成部分。该系统开创性地在铁路编组站实现了管控一体化，打破了管理与控制的信息壁垒，通过信息综合集成手段，实现了编组站作业过程信息跨领域、跨系统、跨部门的闭环运行与控制。

该系统实现铁路编组站调度计划的自动编制与调整、运输作业的集中自动控制，实现了整个作业过程信息化、自动化与智能化；运用分层递阶理论与模型降阶理论，实现了基于编组站配流模型的自动推流算法、作业计划的智能编制与调整以及技术作业图的自动铺画，同时实现了解编顺序、到发线运用、驼峰运用、调车运用的智能决策，达到了提高编组站站场线路、人员以及机车等资源利用率，提高编组站作业效率的目的。通过建立集中控制系统，利用专家系统、拟人系统等现代人工智能控制理论实现了列车、机车、车辆、进路的动态自动跟踪，以及作业过程的自动执行功能。该系统实现了编组站全流程、全领域的安全防护，将运输作业的错办、误办降低为零，有效防止了机车误动、冒进信号等事故的发生，全面实现了作业过程综合安全防护。

编组站综合自动化技术有效地压缩了编组站货车中转时间，缩短了货物运输时间，提高了铁路货物运输的服务质量和安全保障。实现编组站综合自动化的车站，综合改编能力提高 20%~25%，列车进路排列自动化率高达 95%以上，车站基数较大的信号员、外勤车号等岗位作业人员精简了 70%以上，有效保障了作业安全、减少了事故发生，大幅提高了编组站作业量。

3. 分析总结

先进的控制技术和信息技术，为编组站综合能力大幅度提高、调车事故率显著下降、经济效益指标提升提供了强有力的技术支撑，为减少作业定员、提高车站作业量提供了设备保障。编组站自动化技术大大改善了工人的劳动条件，降低了工人的劳动强度，提高了劳动效率，人车安全水平有了很大的提高。铁路编组站调车设备的发展是我国科技发展、创新的缩影，从土驼峰到新一代编组站综合自动化系统，经过几十年的积累，从一穷二白，到跟跑、并跑，最后领跑的新阶段，这都是我国一代又一代铁路科技工作者的不懈努力得来的。国家要强盛、民族要复兴，就一定要大力发展科学技术，努力成为世界主要科学中心和创新高地。坚定不移走科技强国之路。为了实现中华民族的伟大复兴，满足人民日益增长的美好生活需要，科技创新永无止境。

案例3 提钩机器人的应用之路还有多远
——勇于探索的创新意识和创新思维

【课程名称】生产实习。

【教学内容】铁路编组站生产实习——驼峰提钩自动化。

【案例意义】驼峰调车是编组站日常工作的重要组成部分，经历了人工、半机械化、机械化到自动化的发展过程。驼峰调车的自动化发展过程中，自动提钩还未实现完全自动化，目前仍需要提钩员在风吹日晒雨淋的环境中完成提钩。不过，近期提钩机器人的研究与应用取得了一定的突破。从提钩员到提钩机器人的应用之路还有多远？本案例通过了解自动提钩机器人的发展和应用情况，增强学生对"科技是第一生产力"的内生认同，激发和增强学生勇于探索的创新意识、创新思维。

教学过程

1. 问题导入

驼峰调车是编组站日常工作的重要组成部分，驼峰自动化经历了人工、半机械化、机械化到自动化的发展过程。不过驼峰调车的自动化发展过程中，自动提钩还未实现完全自动化，目前仍需要提钩员在风吹日晒雨淋的环境中完成提钩。近期提钩机器人的研究与应用取得了一定的突破。那么，从提钩员到提钩机器人的路还有多远呢？

2. 讲授正文

为适应铁路不断提速、货物列车密集到发的发展趋势，同时提高货运质量，使点线能力相匹配，编组站都装备不同种类、不同水平、不同规模的自动化设备，并且将它们构成综合自动化系统，实现精简人员编制，提高编组站作业效率。

在编组站自动化领域，驼峰控制技术发展最具代表性。

1970年，在丰台西驼峰第一次采用分离电子元件技术建成目的调速半自动化系统。

1984年，在南翔驼峰第一次采用国产小型机技术建成目的调速自动化系统。

1986年，在山海关第一次采用了微处理器技术实现驼峰溜放进路自动控制。

1989年，在郑州北上行驼峰第一次实现了包含溜放进路控制、间隔调速、目的调速等多功能的驼峰综合自动化系统，并实现了与编组站车辆信息处理系统联机。

由于早期自动化技术不够成熟，直至20世纪90年代中期我国驼峰技术装备仍以半自动化设备为主。而发达国家的驼峰自动化技术较我国发展早，我国从1987年到1997年曾先后在郑北下行、徐州北、阜阳北、向塘西下行分别引进过美国CRS公司和USS公司的驼峰自动化系统，由于国外编组站控制技术近年来相对老化和滞后，加之对我国编组站运输条件不适应，效果不佳。

从 20 世纪 90 年代中期开始，在驼峰自动化市场化进程中，我国的驼峰控制技术在成熟度、实用化、工程化、自动化方面得到快速提高与发展。

当前，我国铁路编组站在数量和规模上均居世界第一，各类驼峰基本上已全部实现自动化，并且技术上已经达到了国际先进水平。然而在驼峰推峰作业过程中，摘钩作业依然是人工方式。由于提钩员需要在推峰车列移动过程中进行摘钩作业，作业危险系数高，容易发生安全事故，因此，研究实用的自动摘钩机器人或系统，减轻劳动人员作业强度，提高摘钩效率，是当前铁路编组站自动化需要进一步提升的重要环节。

那么，自动提钩机器人的研发与应用到底进展到什么程度了呢？自动提钩机器人的应用还有多远呢？

1977 年，日本研制了悬挂式自动摘钩机器人，但由于多种原因没有实现应用；德国按照先研制自动车钩后研制摘钩机器人的思路，研制了轨道式提钩机器人，依靠电子传感器和摄像机确定车厢上的车钩操作手柄的位置。我国铁道科学研究院、哈尔滨工程大学、北京交通大学、兰州交通大学等科研机构和团队都在尝试研发自动提钩机器人或装置。

目前已公开的摘钩机器人主要有工作在车钩的上方和侧方两类：安装于列车上方的龙门架，从上往下摘钩；安装于列车侧方，在侧面进行摘钩。上述两种方式均需要对场站进行大规模改造。可移动的摘钩机器人的行走方式多为轨道式和自主移动式。不管哪种形式，都还未实现 100% 完全智能可靠的自动提钩。

那么自动提钩遇到的主要技术难点有哪些呢？主要包括：车钩结构形式多样、状态不同；车辆编组复杂，在运动过程中运行不稳定；提钩动作时间短、完成空间有限；工作条件南北相差大；等等。因此，为了进一步攻克上述难点问题，需要学生勇于探索和创新。

3. 分析总结

通过结合驼峰调车生产现场实况，学习了解编组站驼峰自动化发展的历程、自动提钩机器人的发展和应用情况，增强学生对"科技是第一生产力"的内生认同，同时激发和增强学生勇于探索的创新意识和创新思维。

案例 4　货运中心货场管理
——守正创新、细节决定成败

【课程名称】生产实习。

【教学内容】铁路货运生产实习——货运中心货场管理。

【案例意义】通过学习铁路货运中心的作业内容和特点，让学生了解并掌握铁路货运中心作业的基本内容及其经营管理方式，在实践过程中更深入地理解如何为铁路货运注入新鲜生命力，与时俱进做好铁路货场管理；同时让学生意识到细节决定成败，在货场管理中任何一个环节都不能放弃，都不能放松。

教学过程

1. 问题导入

铁路网络是国民经济的大动脉，自新中国成立以来，铁路运输为国民经济的发展做出了巨大的贡献。然而，随着经济和社会的发展，随着公路运输和航空运输的兴起，铁路运输受到了很大的冲击。铁路运输如何在激烈的竞争环境中更好地生存呢？

2. 讲授正文

先介绍全国铁路货场概况。全国 13917 个货运营业站，其中有 3210 个办理货场发到业务，813 个仅办理铁路货场业务。全国铁路共有仓库 4074 个，总面积 758 万平方米，主要发送品类为大宗货物、集装箱、棚车等。接着以广州货运中心为例，介绍广州货运中心管辖范围内货场管理现状。

经过笔者总结，广州货运中心有 7 个方面值得学习，即标准、履职、确认、科技、整治、素质、激励。其中，标准指将安全生产责任制有效落实贯穿于整个管理体系，技术规章对规对标；履职指动态完善岗位职责，强化关键环节管控，发挥货运主管力量；确认指健全联控机制，强化作业质量确认；科技指设置智能安检仪、远程视频监控平台、安全门、电子防护牌等智能化设备；整治指对安全重点工作开展专项整治，掌握隐患规律，促进隐患整治；素质指开展专项教育活动，开展适应性培训项目，开展职业技能竞赛；激励指防止事故奖励、提高班组长待遇、开展铁路货运员劳动竞赛活动等。

接着提出，即使有这些优点，广州货运中心还是存在一些问题，比如现场作业需要减负，管理方式需要改进改善等。为此，广州货运中心提出货场标准化、规范化建设，重点提出门卫管理、安全管理、营销及服务管理和综合管理，在上述七个优点的基础上，对这些方面的管理方式进行改进。以门卫管理为例，从前的铁路货场疏于门卫管理，导致货物丢失或者无关人员进入货场发生铁路事故，加强门卫管理后，进入铁路货场的人员都要进行检查，大大加强了铁路货场货物的安全性，同时减少了事故发生的可能性。

3. 分析总结

货运中心是由原来的货场发展而来的，在原来货场的基础上增加了营销部门，这是铁路货场针对市场化改革的一项举措。然而，面对日益激烈的竞争环境，面对运输服务要求越来越高的托运人，铁路必须做出更多的改变才能赢得更大的市场份额，获得更多的效益。作为比较传统的运输方式，铁路运输绝对不能固步自封，满足现状，必须紧跟时代，与时俱进，守正创新，在积极发挥铁路运输运量大、运输距离长、安全性高等优点的基础上，及时关注市场动态，尽量满足顾客的需求。

从广州货运中心建设改革的过程中可以看出，忽略任何一个部分，忽略任何一个细节，都有可能让整体的建设改革过程出现问题。天下大事必作于细，天下难事必成于易，做任何事情都不能只关注局部而不在意整体，同时也不能忽略整体中的任何一个小细节。罗马不是一日建成的，对于早已形成一定体系的铁路货物运输来讲，它的改革过程必然是长期而艰苦的，但不能因此丧失对改革成功的信心，从细节做起，从小事做起，发挥每一个铁路工作者的才能，铁路货物运输改革必将取得成功。

案例 5　货运中心营业室主任工作

——敬业、精益、专注、创新的工匠精神

【课程名称】生产实习。

【教学内容】铁路货运生产实习——货运中心营业室主任工作。

【案例意义】在日常烦琐的工作中体现铁路基层管理工作者应具备的敬业、精益、专注、创新的工匠精神。

教学过程

1. 问题导入

铁路货运站(货运中心)是铁路货物运输生产的基层单位。货运站(货运中心)的安全和效率是影响铁路运输整体安全和效率的关键节点。货场主任(营业室主任)负责货运站(货运中心)的总体日常管理工作,从其工作流程和工作内容可以了解货运站(货运中心)全部工作。

2. 讲授正文

货运中心营业室主任一日工作流程。

(1)做好班前工作准备

营业室主任每天要提前到岗,对职场环境、货车管理、装卸车作业及安全情况进行巡视检查,掌握现场实际情况,详细了解上一班运输生产完成情况和本班运输作业计划,做到心中有数,提前准备好交接班会上要学习传达的文件、资料。

(2)主持早点名会

营业室主任每天要按规定组织点名,标画考勤。每天按照学习计划组织班前试问,并对答题情况进行点评。会上听取上一班工作情况汇报及当班工作重点任务,同时对生产完成情况及工作质量进行点评总结。对当班运输生产重点工作进行部署,及时传达文件、电报和上级要求。结合当日工作重点、气候及季节变化情况和历史同期安全情况等,对各岗位安全风险进行提醒提示。交班时要注意观察职工精神状态,对异常情况要及时采取预防措施。参加点名会人员要按规定着装,坐姿端正。

(3)督促检查基础工作

营业室主任要认真执行交接班制度,督促落实各工种现场交接工作,严格执行职场定置管理,检查表簿册、票据等基础资料,及时登录安全监控系统查看到发货车超偏载报警情况,发现问题及时处理。

(4)检查生产及服务质量

营业室主任要合理安排好作业人员和机具设备,努力提高装卸车效率,调动好干部职工积极性,处理好接合部问题,最大限度地满足运输生产需要。加强对服务质量和文明用语使

用情况的检查指导。

（5）重点监控关键环节

营业室主任要对重点货物装卸车进行全程检查指导，随时检查装卸车作业标准、关键环节、关键时段作业标准执行情况及设备运用管理、防火安全情况，发现问题及时纠正处理。

（6）积极组织开展营销

营业室主任要带头开展营销，主动了解和掌握市场动态。通过走访企业或召开货主会的形式积极宣传铁路货运改革的新政策和新优势，千方百计增加货源，实现上量增收的目标。

（7）做好日常事务处理

营业室主任每天要及时阅览中心信息网内容，及时批阅，抓好落实；深入现场解决实际问题。接待企业、货主要主动热情，帮助他们解决实际困难，防止发生不良反映和货源流失问题。

（8）总结工作分析问题

营业室主任每天要对一班运输生产完成情况进行总结，对一班各岗位作业情况及存在的问题进行分析，对典型问题应按照"四不放过"原则组织召开分析会，制订整改措施并抓好跟踪落实。

3.分析总结

货运中心营业室主任的日常工作覆盖了货运中心工作的方方面面，涉及管理、服务、营销、关爱等日常烦琐复杂的工作内容，其工作质量又关系到货运中心的安全、效率、质量和人文等重要方面，体现出铁路基层管理工作者应具备的敬业、精益、专注、创新的工匠精神。

案例 6　铁路货运检查
——防微杜渐，坚守安全底线

【课程名称】生产实习。

【教学内容】铁路货运生产实习——铁路货运检查。

【案例意义】通过本次实践活动，让学生了解铁路货运安全检查的内容和流程，并且牢固树立防微杜渐的安全意识，培养踏实严谨的敬业精神。货检员要有高度的责任心且业务熟练，严格按照作业标准流程进行货物检查作业，确保货运作业的安全进行。

教学过程

1.问题导入

请同学们结合观察，举例说明什么是货运检查？

铁路货运检查是铁路安全运输的重要工作，主要是对铁路车辆状况和货物装载状态进行检查；发现货物装载状态发生变化影响安全时，应及时进行整理，严重时请求换装车辆处理，货检工作实行包保区段安全责任制。

2.讲授正文

铁路货检工作是保证行车安全和货物安全的一项技术性较强的工作，是铁路运输安全生产的重要组成部分。铁路货运检查员主要承担铁路运输过程中的货物(车)交接检查工作，主要职责是依据铁路货运规则和相关要求，对铁路所承运的货物品类、货物装载质量、车门关闭、超级超限货物运输等情况进行检查，以确保铁路货运运输的绝对安全。

(1)货检作业的内容与流程

铁路货检作业方式主要包括：①采用机检方式。尽管机检提高了货检人员发现问题的能力，但对优化货检作业方式的促进方面还很有限，目前仅机检多用于代替到达列车的预检作业。②采取人工现场检查方式。这种方式仍然是目前多数货检站货检作业的主要形式。

举例：广州局集团管辖的江村站货运检查作业流程如图2-1所示。

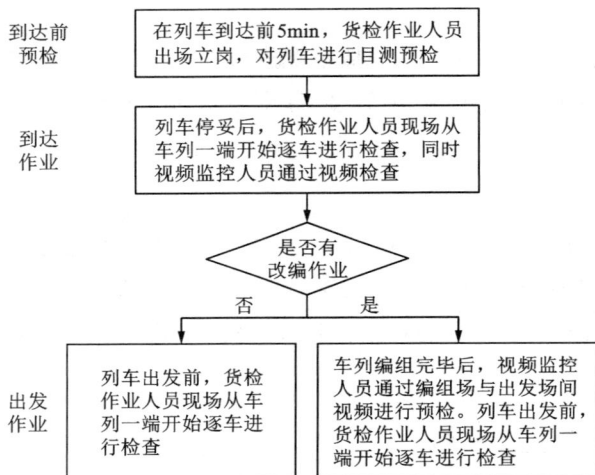

到达前
预检　→　在列车到达前5min，货检作业人员出场立岗，对列车进行目测预检

到达
作业　→　列车停妥后，货检作业人员现场从车列一端开始逐车进行检查，同时视频监控人员通过视频检查

是否有改编作业

否　→　列车出发前，货检作业人员现场从车列一端开始逐车进行检查

是　→　车列编组完毕后，视频监控人员通过编组场与出发场间视频进行预检。列车出发前，货检作业人员现场从车列一端开始逐车进行检查

出发
作业

图2-1　江村站货运检查作业流程

具体来说，铁路货运检查员的工作内容包括：①货物列车中货物装载、加固状态；②货车篷布及篷布绳网苫盖、捆绑状态；③施封；④货车门、窗、盖、阀关闭情况；⑤铁路超限货物运输规则规定的事项；⑥铁路货车超偏载检测装置运用管理办法规定的内容；⑦危险货物押运人押运情况；⑧规定的其他事项。

举例：敞车检查重点——车体倾斜、涨出在规定范围内，不侵限；中门上下插销是否入槽；下插销槽、中门合页是否脱焊，下侧门门扣是否完全落槽；防跳板是否归位；车体可见部位无残留物；货物是否倾斜，有无窜动、坠落异状；货物装载无撒漏，可见部位破损处货物无外露，是否按规定采取铁线辅助捆绑措施。

(2)事件案例

事件一："9·2"货车偏载列车脱轨事故

2014年9月2日13时2分，粤海公司DF4BK型2235号机车牵引87832次货物列车以

36 km/h 的速度运行至叉石支线叉河至水尾站间 K2+243 m 处，因列车管压力急剧下降停车，司机下车检查发现机后第 8 位车辆（K60-27）前进方向前台车第一轮对脱轨（脱轨点位于叉石支线 K0+885 m 圆曲线处，右向曲线 $R=296$ m），第 7、8 位间风管脱开，脱轨车辆于 14 时 25 分起复，14 时 49 分开通区间，中断行车 1 小时 47 分。根据《铁路交通事故调查处理规则》第十四条的规定，该事故构成铁路交通一般 C2 类事故。

事后经相关部门的调查，找到了事故发生原因：卸矿工在对事故车辆 K60-27 进行卸车作业时，严重违反操作规程，没有提起右侧底开门的保险杠，导致其虽打开了左右底开门的操纵阀，但因保险杠控制作用，右侧底开门没有打开，同时卸矿工和安全员均未按规定登梯检查卸空状态，致使未卸空的矿石车向右侧严重偏载，在编入 87832 次列车后，运行在小半径右向曲线时，该车前进方向第一位轮对左侧车轮爬上轨面脱轨，右侧车轮相继脱轨。

货运检查员没有严格遵守作业流程与标准的相关规定，导致偏载事故的发生，安全生产环境和国家人民财产受到了严重损失。

事件二：青龙山站货检员

青龙山站位于安徽省淮北市，属段管二等区段站，这里的车号货检员主要负责徐州北、阜阳北、蚌埠东 3 个方向到发列车和三厂一矿现车核对、车辆装载加固的检查工作，业务办理量一直处于高位。铁路货检员欧建民每天要沿着绵延的股道，踏着线路旁的道砟，对货运列车的车厢进行详细检查。对于重点特殊车辆或是装运完成出厂的货运列车，更是需要携带数十斤重的各类工作装备，对车门进行检查、加固、标记。

据相关采访报道，欧建民每天至少要检查上千辆车，步行近 30000 步，几乎每周都要绕着火车走上一个"马拉松"。除了熟悉作业流程、熟记规章制度、落实安全检查外，货检员还需要经受恶劣天气的考验，克服不能和家人团聚的困难，在铁路岗位默默奉献。他们不直接与旅客接触，但在整个铁路运输线却是非常重要的一环。

作为铁路人，除了掌握必备的专业技能，吃苦耐劳、爱岗敬业的奉献精神同样不可或缺，脚踏实地，精益求精，保证切实履行岗位职责，保障国家和人民生命财产安全。

3. 分析总结

铁路货运检查是铁路安全运输的重要工作，要严格遵守货运检查作业的流程规范，确保铁路车辆状况和货物装载状态安全可靠。"9·2"货车偏载列车脱轨事故涉及货运检查员违反铁路规章制度，后果严重，给国家和人民生命财产安全造成重大损失，令人扼腕叹息。安全生产，须警钟长鸣。运输生产的一线工作人员，责任重于泰山，必须始终把人民利益放在最高位置，严格按照规章制度办事，不能抱有任何侥幸心理，发扬吃苦耐劳、敬业奉献的工作精神，把安全生产落实到每一分钟。

案例 7　铁路客运站工作组织
——专业责任感与使命感

【课程名称】生产实习。

【教学内容】铁路客运生产实习——铁路客运站工作组织。

【案例意义】学生进入铁路客运站充分接触铁路现场客运工作组织，不仅能够将自己在课堂上所学的专业理论知识方法与现场实践进行结合消化理解，从而更深入理解客运组织过程、组织方法技术等；而且能够更好地认识到铁路客运站工作在保障旅客安全高效出行和国家经济发展建设等方面的重要性，激发学生专业责任感，奉献于铁路运输事业的使命感。

教学过程

1. 问题导入

我国铁路路网规模大，每天开行列车成千上万，服务的出行客流量更是庞大。如何保障规模庞大的客流顺利完成进站乘车、站内换乘、下车出站等出行过程，是铁路客运站组织的核心工作。在面对各种各样的出行旅客时，铁路客运站是如何有效地利用客运站各类设施设备、采用先进的客运组织技术方法为旅客提供安全、高效的差异化出行服务的？

2. 讲授正文

（1）售票工作组织

售票工作是客运站为旅客提供优质服务的重要内容，由售票处统一组织安排，通过售票将众多旅客按车次、方向有计划地组织起来。正确组织售票工作，必须合理分布售票处所和安排售票作业过程。传统售票以车站售票窗口售票为主，随着售票技术的快速发展，目前电话、12306 网站、自助售票机售票被广泛采用，反而车站窗口售票量越来越少。目前车站窗口售票主要针对改签等特殊情况产生的售票服务。这些售票条件的变化，不仅给旅客购票带来了方便，同时也给售票工作组织带来较大改变，自助售票机的布置位置与数量等成为售票工作组织新的问题。

①提高售票员业务能力。售票员是为旅客提供购票服务最直接的服务者，提高售票员的业务素质，促进其专业技术水平的提高，能够有效提升旅客服务质量。因此，要求售票员应有熟练的业务技能和良好的工作态度，售票要迅速，票额要准确无误，同时能熟练完成票款保管、票务台账登记、票口统计等基础工作。

②改进售票技术设备。售票处技术设备的改进不仅能够有效提高服务质量，而且也能减轻售票员劳动强度。全国计算机售票与客票预定系统使用以后，每个计算机都可发售全国各营业站的客票，大大方便了旅客，也提高了售票工作效率。此外，电话、12306 网站、自助售票机等多样化售票方式也给旅客购票提供了高效、便利的售票体验。

（2）旅客乘降工作组织

旅客乘降工作组织是客运站一项重要工作，主要包括两项工作，其一为有秩序地组织进站旅客在站内通行、检票进站，走向列车停靠站台上车；其二为有秩序地组织到达车站下车旅客在出站口交票出站。

①进站旅客乘车组织。在旅客上车检票前，应在检票口的明显处设置列车车次、去向和开车时间指示牌，并应设置现代化的导向系统，指示售票处、候车室、各方向各次列车的候车地点及通路，以便旅客按最短径路入站；检票过程中，在站台入口处要组织好客流，并确认客票日期、车次、到站是否正确，以防旅客误乘、无票乘车。

②下车旅客出站组织。在旅客下车前，应在列车到达前及时将到达列车的接车线路、站台和到达时刻通报客运服务人员及迎接旅客，清除出站通路上的障碍物；旅客下车后，使之在站台上停留时间最短，并按指定通路出站。

（3）客运服务工作组织

①问询服务工作。问询服务通常有人工服务与自助服务两种，人工服务一般通过集咨询服务、失物招领、请求广播寻找、应急改签等综合功能的服务台实现，服务台应设在旅客集中的站前广场、广厅、售票厅、候车室等地。自助服务主要通过设在车站的各处自助查询机实现。车站问询服务应能正确、迅速解答旅客有关购票、托运和提取行李、候车、中转等问题，采用电话、广播、电子问询形式口头解答或采用文字形式书面解答。

②随身携带品暂存工作。随身携带品暂存处是为旅客临时寄存物品的地方，最好能使旅客顺路办理暂存手续，给上车前和下车后的旅客创造便利条件。

③候车室服务工作。候车室是旅客大量聚集等候上车的地方，室内应设有一定数量的座椅，并有足够的通路，保证室内整洁，空气流通。候车室服务人员应经常宣传安全及旅行常识等，及时通告列车到开及检票上车时刻，主动热情地为旅客服务，解决他们旅行上遇到的困难。其中，母婴候车室应与一般候车室隔开，室内保持安静、温暖和舒适，备有儿童休息的小床及图片玩具等，服务人员应保证母婴优先乘车。

（4）行包运送组织

有效组织车站行包运送工作，保证行李、包裹（简称行包）安全、迅速、准确、便利地运到目的地是客运站工作的一项重要任务。行李运输是随同旅客运输而产生的，包裹运输是工农业生产和人民生活需要由旅客列车运输的零星物资。行李运输由于托运人和收货人比较分散，批数较多，每批件数少、体积小，行李基本上是随来随运；包裹则要求事先提出托运单。

在介绍完以上各项工作组织内容后，进行总结分析：客运站各项组织工作随着新设备、新技术的推广，既变得更高效，又能提供越来越好的服务。比如12306网站的推出，使得售票组织工作效率与服务均得到大幅度提升，而这些正是铁路客运工作人员长期钻研、深入分析旅客购票要求的多方面努力所取得的显著成绩。引导学生清楚运输专业学生不仅仅是将现场各项工作完成好，更需要结合旅客出行需求，不断挖掘、改进客运组织工作，才能为旅客出行带来更安全、更便捷、更高效的服务，这无形之中拓展了本专业的责任感与使命感。

3.分析总结

铁路客运站组织工作需要面对多样化的出行旅客，作为铁路直接服务旅客的窗口，客运站在做好企业技术作业组织工作的同时，如何有效完成各项客运服务工作将非常关键而重要。学生通过在客运站现场实习，不仅能够熟悉客运站各项组织工作开展的流程、要求与特点等，还能与课堂所学的专业理论知识进行有效结合思考，这样不仅能够清楚铁路客运组织工作，还能清楚为什么采用这样的客运组织方法与技术，知其所以然。

随着客运站新设备、新技术的使用，铁路客运站组织工作流程、要求等也相应地发生很大变化。通过结合现场介绍这些组织工作的变化，让学生清楚自己作为交通运输专业一名学生以及未来工作者，有责任有义务不断开发、推广新的客运组织技术以更好地服务旅客、提高工作效率，这是自己的专业责任与使命。

案例 8 铁路客运服务信息化建设
——以人为本，持续创新，不断强化服务品质

【课程名称】生产实习。

【教学内容】铁路客运生产实习——铁路客运信息化建设。

【案例意义】通过本次实践活动，让学生了解铁路客运服务信息化建设的内容和重要性，并贯彻铁路客运服务坚持的"以人为本"的理念。随着科技的进步和信息技术的发展，铁路客运在各个领域展开深入研究、持续创新，并不断强化服务和运维效率，提升服务品质。

教学过程

1. 问题导入

带领学生在铁路客运站现场体验一次购票、进站、检票、候车流程，请学生结合实习过程和生活经验，举例说明铁路客运信息化给自身带来了怎样的服务体验？

铁路客运服务信息化系统的投入使用，为旅客提供了咨询、预约、客票销售等多样化的综合服务，大大提升了旅客的出行体验。从信息化建设的重要性出发，引出目前铁路客运信息化建设覆盖了旅客出行的哪些阶段，并介绍信息系统的体系。

2. 讲授正文

请同学们结合实习体验，联系铁路客运未来的发展方向，思考为什么要大力推进铁路客运服务信息化？

信息化是现代化的基础，没有信息化就没有铁路的现代化。

铁路信息化建设广泛利用现代通信和信息新技术，构建技术先进、功能完善、经济适用、安全可靠的，具有中国特色的铁路信息系统，实现调度指挥智能化、客货营销社会化、经营管理现代化，为提高运输效率、扩大运输能力、优化资源配置、保障运输安全、改进服务质量、提升管理水平、提高经济效益提供支撑。同时，铁路客运信息化采取"业务和技术相互促进"的建设模式，逐步向集中化、开放化、业务多元化、人性化和增值化方向发展，体现"以人为本"的服务理念，构筑以旅客需求为导向的服务体系，满足旅客多层次需求，提高铁路企

业的核心竞争力。

铁路客运服务信息化覆盖了哪些出行阶段？形成了哪些服务系统？

目前，铁路客运领域信息化建设已覆盖售票、营销、自动检票、候车、列车服务等旅客出行全流程，形成了成套的产品体系，主要包括新一代铁路客票系统、客运营销辅助决策支持系统、铁路旅客服务系统和客运管理信息系统等。

新一代铁路客票系统包含车站服务、互联网/手机售票、电话订票、电子支付前置、列车服务、票务管理、客户关系管理、监控子系统、订餐服务，以及交易服务集成平台和数据共享集成平台，为旅客出行提供了方便。面对海量数据存储和超大规模开发交易的应用需求，新一代铁路客票系统广泛地采用了移动互联网、云计算平台、内存数据库及弹性计算架构等新技术，并在车票实名制、电子支付、票额预分、席位选择、通退通签等领域深入研究、持续创新，满足旅客的多层次需求。

客运营销辅助决策系统。全面应用各种技术手段，构建全面、灵活的数据分析决策平台，以铁路运力资源为基础，以客运市场变化为依据，为铁路客运管理部门提供有关旅客的客户分析、产品设计、产品销售以及外延相关服务的全过程营销活动决策的支持，为各级营销管理人员把握市场动态、完善产品设计、优化运能利用、提升社会和经济效益提供决策支持。

铁路旅客服务系统。作为铁路客运服务的窗口，该系统针对查询、订票、进站、候车、乘车、出站等环节，为旅客提供出行全流程的信息服务，并为客运工作人员提供业务服务支撑。旅客服务系统采用 SOA(service-oriented architecture，面向服务)架构设计，利用虚拟化服务技术，实现业务流程和应用服务的灵活组织编排、业务数据的动态负载均衡。

铁路客运管理信息系统。该系统以先进的信息技术为支撑，适应铁路快速发展的需求，覆盖铁路总公司、铁路局、客运站段等层级，满足铁路客运管理部门的值乘计划管理、在途列车监控、客运组织与作业管理、列车办公与服务管理的功能需求，规范铁路客运管理作业流程，提高工作效率。系统在基于无线网络的在途列车追踪技术、备品备件编码及标识技术、值乘计划编制及优化技术等多个方面取得了突破。

3. 分析总结

铁路客运运输是传统的服务行业。近年来，铁路客运服务持续提升自身的服务质量，以创新为驱动，继续加强信息化建设，不断地适应党中央提出的"构建和谐社会"铁路"跨越式发展"的要求，牢固树立以旅客需求为中心的观念，真正体现"以人为本、旅客至上"的服务理念，为旅客创造良好的服务环境。

案例 9　我国铁路旅客运输运价体系的发展历程
——人民铁路为人民

【课程名称】生产实习。

【教学内容】铁路客运生产实习——铁路客运定价体系的发展。

【案例意义】通过学习我国铁路旅客运输运价体系的发展历程，加强学生对铁路运输骨干地位的认识，树立作为铁路运输组织者坚持承担社会责任的意识，传承"人民铁路为人民"的精神。

教学过程

1. 问题导入

在长沙南车站客运科进行生产实习，由客运科工作人员介绍我国目前的高铁运价体系，由实习指导教师进一步介绍我国铁路旅客列车票价定价政策的演变与发展，辨析政府定价、政府指导价和市场调节价等政策的基本概念、实施条件和适用范围，了解铁路运输企业的定价权限，明确我国铁路普通旅客列车票价和动车组列车票价定价依据的差异性。引出核心问题：2015 年，动车组列车定价权从国家发改委下放给原中国铁路总公司（现为中国国家铁路集团有限公司），为什么我国普通旅客列车坚持实行政府定价？

2. 讲授正文

首先介绍我国铁路旅客列车票价定价政策的演变与发展。从 1997 制定的铁路客运运价规则，到 2016 年国家发展改革委《关于改革完善高铁动车组旅客票价政策的通知》再到国家发展改革委《关于完善铁路普通旅客列车软座、软卧票价形成机制有关问题的通知》，铁路客运定价不仅与时俱进，与市场同行，还始终不忘初心，充分发挥铁路旅客运输的公益属性，构建公平运输体系。

接下来详细分析我国现行的普通旅客列车票价和动车组列车票价的确定依据。按规定，铁路旅客列车票价率实行政府定价或政府指导价，竞争性领域实行市场调节价；政府定价和政府指导价的定价权限和具体适用范围以中央政府和地方政府的定价目录为依据。中央政府的定价权限和具体适用范围：中央管理企业全资及控股铁路普通旅客列车硬座、硬卧票价率。地方政府的定价权限和具体适用范围：地方国企全资、控股铁路，地方国企和央企各占50%股权铁路的旅客列车票价率。铁路运输企业依法自主定价权限和具体适用范围：在中央管理企业全资及控股铁路上开行的普通旅客列车软席票价以及动车组列车票价；在非中央管理企业全资及控股铁路上开行的，不在地方定价目录规定范围内的旅客列车票价。铁路旅客列车票价分为公布票价和执行票价，公布票价是指无折扣的全价票票价，是执行票价计算的基础；执行票价是实际发售车票的票价，执行票价不高于公布票价。

最后以公益性"慢火车"的票价进行案例分析。公益性"慢火车"是主要运行在交通不便的革命老区、少数民族聚居区、边境地区、经济相对欠发达的农村地区，以服务沿线乡村群众出行、赶集、通勤、通学、就医等为主要目标，引导广大旅客在沿线地区开展旅游、购物、游学、商务等活动，服务沿线乡村振兴，具有公益属性的非营利性旅客列车。公益性"慢火车"彰显了国铁企业的责任与担当。铁路部门开行的公益性"慢火车"覆盖21个省区市，经停530座车站。2021年，公益性"慢火车"共运送旅客1.7亿人次，同比增长12.2%；强化涉农物资运输服务保障，运送货物7.2亿吨，同比增长3.8%，减免费用14.8亿元。

3.分析总结

本案例通过我国铁路旅客列车票价定价政策的演变与发展，让学生了解我国铁路旅客运输运价体系的构成；通过对比普通旅客列车与高速动车组列车定价方式与依据的差异，凸显铁路企业承担社会责任的实际举措，最后引入公益性"慢火车"的案例，帮助学生树立铁路企业服务社会、坚持承担社会责任的意识。

案例10　铁路运输调度的机构设置
——运筹帷幄、决胜千里

【课程名称】生产实习。

【教学内容】铁路行车生产实习——铁路运输调度的机构设置。

【案例意义】铁路运输是一个复杂的大系统，这一庞大的系统具有线长、点多、工种多、分工细、连续性强的特点。为使各环节协调配合，铁路运输生产必须实行集中统一指挥的管理原则。凡与运输有关的部门、工种都必须在运输调度的统一指挥下，进行日常生产活动。通过该案例，使学生形成系统论的思想，能从系统论的观点出发，从整体与要素之间以及整体与外部环境的相互联系、相互制约、相互作用的关系中综合地、精确地考察对象，揭示系统性质和运动规律，从而获得处理问题最佳的一种方法，培养学生具有运筹帷幄、决胜千里的胆识和能力。

教学过程

1.问题导入

铁路运输生产过程由于受各种因素的影响，每日的运输状态均不相同，经常偏离规定标准。为使运输生产控制在正常状态，必须经常分析运输生产指标完成情况，进行车流分布预测，并且根据具体的运输工作条件，调整车辆分布及列车运行，并通过制订日、班计划贯彻运输调整措施，以预防或消除运输生产过程中可能或已经发生的困难，保证车流正常分布，经济合理地使用运输设备，完成或超额完成运输生产计划。调度系统就是为完成这一任务而设置的日常指挥机构。

2. 讲授正文

(1)铁路运输调度系统的组织结构

我国调度指挥实行分级管理、集中统一指挥的原则,通过设置三级调度机构进行统一指挥,即中国国家铁路集团有限公司设调度处,铁路局集团有限公司设调度所,技术站设调度室的三级调度指挥机构。中国国家铁路集团有限公司、铁路局集团有限公司、技术站调度根据分级管理、逐级负责、统一指挥的原则,分别掌管全国铁路、铁路局和车站的日常运输组织指挥工作。

各级运输调度指挥部门同时受运输管理部门的领导和上级调度指挥部门的指挥。

(2)铁路局集团有限公司调度指挥中心调度组织系统

为了对复杂的运输生产活动进行全面的指挥和监督,在各级调度机构中又必须实行合理分工的管理原则,将整个运输生产活动按业务性质划分为若干部分,设置不同职名的调度员分别管理一定的工作,从而对铁路运输生产进行直接指挥。

铁路运输调度指挥工作的核心部门是铁路局集团有限公司调度指挥中心,在调度中指挥中心一般设有下列岗位:

①列车调度员,又称行车调度员,负责管辖区段内所有与列车运行有关的工作。

②计划调度员,负责编制和调整管辖区域的列车工作计划,协助值班主任组织实现日班计划。

③机车调度员,负责机车运用的调度工作。

④客运调度员,负责旅客计划运输及客车的运用。

⑤货运调度员,负责管辖区段内装卸作业及管辖范围内重车的输送工作。

此外,根据各铁路地区的具体货流和设备情况,还可以设有篷布调度员、零担货物调度员、罐车调度员、车辆检修调度员、特种运输调度员、预确报调度员、军事运输调度员、电力牵引区段的电力调度员等。

值班主任负责领导全班各工种调度员实现运输工作日计划,协调各工种调度员的工作。规模较大的路局往往划定不同的调度区,设调度区主任,负责本调度区的调度工作,并相应地配备有关工种的调度人员,形成分级、分工管理的铁路运输调度工作系统。

根据管辖范围和工作量,各调度岗位按区域分别设岗。计划调度员和货调、机调,一般按枢纽或管辖区域设置;行车调度员由于工作较为繁重,一般按区段设置(除枢纽单独设置外,一般情况下是每区段设置一名调度员);其他调度岗位一般按区域设置,如工作量相对较小,也可以不分别设置。

调度指挥中心一般还设有统计室和分析室负责日常的统计和分析工作。近年来随着运输组织自动化水平的提高和 TDCS 系统的应用,统计工作基本已由计算机完成。

(3)我国铁路运输调度指挥工作流程

铁路运输企业的运输经营,在得到上级调度指挥部门和周围运输企业支持的同时,又要受到一定的限制。中国国家铁路集团有限公司运输调度既代表全路运输企业的利益,使铁路获得最大的效益,又要落实国家宏观经济调控政策,承担完成国家重点运输任务的责任。由于我国铁路路网的整体要求及铁路运输业具有大联动机的特性，所以，铁路需要进行统一调度、计划组织，合理分配运力，用最小的资源投入，实现最大的经济效益。

3.分析总结

我国的铁路运输工作已经经历了多年发展，并且在发展过程中获得了丰硕的成果，铁路运输调度指挥体系也在不断发展中。未来铁路部门可以通过增强调度安全管理，加强调度指挥的统一性、各类调度的协同性，促进调度指挥智能化建设，提升调度指挥人员的综合素质等策略对铁路调度指挥体系进行优化，以此促进铁路调度指挥工作的进一步发展。

案例 11　运输调度按图行车
——凡事预则立

【课程名称】生产实习。

【教学内容】铁路行车生产实习——运输调度按图行车。

【案例意义】通过调度所的生产实习，让学生在了解调度所工作和铁路按照列车运行图进行行车工作相关流程的同时，培养学生不论在学习、工作，还是在生活中都进行规划的意识。

教学过程

1.问题导入

在组织旅客和货物运输的生产过程中，列车运行是一个很复杂的环节，它要利用多种铁路技术设备，要求各个部门、各工种、各项作业之间互相协调配合，才能保证行车安全和提高运输效率。列车运行图是铁路运输企业实现列车安全、正点运行和经济有效地组织铁路运输工作的列车运行生产计划，它规定了铁路线路、站场、机车、车辆等设备的运用，以及与行车各有关部门的工作，并通过列车运行图把整个铁路网的运输生产活动联系成为一个统一的整体，严格地按照一定的程序有条不紊地进行工作，保证列车按运行图运行，它是铁路运输生产的一个综合性计划，是全路组织列车运行的基础。

2.讲授正文

为了对复杂的运输生产活动进行全面的指挥和监督，在各级调度机构中必须遵循合理分工的管理原则，将整个运输生产活动按业务性质划分为若干部分，设置不同职名的调度员分别管理一定的工作，从而对铁路运输生产进行直接指挥。铁路运输调度指挥工作的核心部门是铁路局调度指挥中心，在调度中指挥中心一般设有列车调度员、计划调度员、机车调度员、客运调度员、货运调度员。列车运行图是用以表示列车在铁路区间运行以及在车站到发或通过时刻的技术文件，它规定各次列车占用区间的程序，列车在每个车站的到达和出发（或通过）时刻，列车在区间的运行时间，列车在车站的停站时间以及机车交路、列车重量和长度等。它是铁路运输企业向社会提供运输供应能力的一种有效形式，是铁路组织运输生产和产品供应销售的综合计划,是铁路运输生产联结厂矿企业生产和社会生活的纽带。铁路通过能力与列车正点运行及列车运行的流水性密切相关。列车运行生产计划即列车运行图的实现有赖于铁路区段通过能力的保证,特别是当列车运行过程发生波动,亦即发生偏离于计划的情况时,只有在有充分通过能力保证的条件下,才能确保运输生产按计划准时进行,列车才有可能重新恢复正点运行。

3. 分析总结

胸罗武库,学具韬铃,运筹帷幄之中,决胜千里之外。其实作为普通人要做到决胜千里很难,但要有运筹帷幄的意识和能力,管理者更是必须要有运筹帷幄的能力。运筹帷幄主要就是要有规划、有策略、凡事有计划,事事有想法,件件有策略,这样事情就会在控制之中。做好一项规划,是完成长期和短期目标的有效保证。如果不去系统做规划,就容易陷入具体事情,而看不到事情的全貌。当有了目标,并做了整体规划,后面就是要认真执行。做了规划,不等于事情会自己发展成你期望的样子,这需要强有力的自驱力去推动事情的完成。当阶段性回顾的时候,也会更明白所做事情的逻辑和价值,也能做出更多的延展和创新。提前做好规划,并且强有力地去执行落地,一定会使事情有更好的发展空间。

案例 12　CTC/TDCS 系统操作
——提升组织管理水平和培养团队协作精神

【课程名称】生产实习校内实操。

【教学内容】铁路行车生产实习——运输调度指挥模拟操作。

【案例意义】生产实习校内实训部分是交通运输专业生产实习重要的组成部分,是让学生在现场岗位实习后,通过动手操作,使学生进一步巩固所学的运输组织与管理的理论知识,系统了解和掌握铁路运输指挥中枢的工作组织,熟悉铁路现场分散自律调度集中系统的功能,正确地编制和执行运输工作日常计划,组织与运输有关各部门紧密配合,协同动作,进一步掌握 CTC(调度集中)/TDCS(列车调度指挥系统)技术作业设备的操作程序和作业计划的编制方法,增强学生的动手操作能力、应急处置能力、运输组织能力和团队合作表达能力等多维度工程素养。

教学过程

1. 问题导入

调度指挥主要是指一定时期内为完成某项任务,由指挥者或团体对团体成员、物资等资源进行的调遣、管理、安排、协调的行为。铁路运输具有高度集中的特点,各工作环节须紧密联系、协同配合。铁路运输组织工作必须贯彻安全生产的方针,坚持集中领导、统一指挥、逐级负责的原则。铁路运输调度部门是铁路日常运输组织的指挥中枢,分别代表各级领导组织指挥日常运输工作。铁路运输调度担负着保障运输安全、组织客货运输、保证国家重点运输、提高客货服务质量的主要责任，对完成铁路运输生产经营任务，提高铁路运输企业效益起着重要作用。调度指挥工作在铁路运输生产中处于核心地位，凡与行车组织有关的日常生产活动都必须在运输调度的统一组织指挥下进行。研究表明，铁路调度指挥权可以调用管辖范围内80%的运输资源。因此，科学高效的调度指挥工作对于保障运输安全、提高运输效率有着极为重要的作用。

2. 讲授正文

铁路调度指挥系统是实现铁路各级运输调度对列车运行实行透明指挥、实时调整、集中控制的现代化信息系统，我国铁路采用三级调度指挥体系：①国铁集团调度中心负责全路日常运输生产组织、指挥、协调工作，检查各局执行总公司调度命令和规章制度情况，组织各局经济合理地使用机车车辆，充分利用运输能力，提高运输效率和质量；②铁路局调度所负责管辖范围内日常运输生产组织、指挥、协调工作，执行规章制度和总公司命令，遵守和维护调度纪律，检查站段执行调度命令和规章制度情况，组织各运输生产单位完成运输生产经营任务；③站段调度室负责组织、指挥、协调车站有关岗位共同完成运输生产经营任务，并接受上级调度的指挥。

（1）TDCS/CTC系统介绍

为使学生更好地了解铁路调度指挥系统操作过程，我们将用一个管辖6站的TDCS区段和一个管辖6站的CTC区段来使学生掌握铁路调度指挥过程。学生分组模拟TDCS行调台、TDCS下辖车务终端、CTC行调台、CTC助调台、CTC下辖车务终端岗位操作，系统功能与现场功能一致，模拟场景贴近实际。

（2）方案设计及任务布置

这是仿真的调度区段，一个TDCS区段，管理第1~6站，一个CTC区段，管理第7~12站，第6站为衔接站，同时接受TDCS调度和CTC调度的调度信息，这两个区段都是单线区段。要求学生每15人一组，其中TDCS行调1人、CTC行调1人、CTC助调1人，12站车站值班员各1人。要求学生首先熟悉各工作站系统操作界面，然后按照给定的任务书协调完成该区段的阶段计划。

（3）操作过程中注意事项

①行调台列车调度员首先应熟悉管辖范围车站及区间情况，学生选阶段计划生成图定计划，在弹出的生成图定计划线表中可选择条件，注意套用图定车次的填写，车次输入框内最多8个字符，时间格式应是"××：××"或"××.××"，若输入"+"则取固定时间。要增加临时列车时注意按调度规程编辑列车车次号，并根据车次信息选择停站股道及区间运行时分。调度命令可按照给定的调度命令模板编辑生成，下达调度命令时也可选择同时下达给司机，调度员可通过查询菜单查询阶段计划及调度命令车站接收情况。如果阶段计划中区间有临时限速，临时限速时段区间内的所有列车均应限速通过。

②助理调度台助理调度员。助理调度员应严格按照列车调度员的计划安排和指示，做好计划兑现，尤其是现场情况发生变化不能及时建立列车进路时应根据告警信息内容及时处置，情况紧急时，应立即指示司机停车或不得起动，待列车停妥后方可取消进路；CTC区段

人工排列进路时,必须与列车调度员执行"二人确认制度";草拟调度命令应使用标准化调度命令格式。危及行车时,立即通知车站扣停列车,应协助列车调度员做好应急处置工作。注意保密工作。

③车站故障情况处理时的注意事项。TDCS管辖下车站值班员应严格执行接发列车作业标准和非正常情况下的作业程序及安全行车措施,按规定办理闭塞、准备进路、填写及交接行车凭证、填记行车日志等。应根据列车运行预确保及本站装卸等情况,正确及时地编制和传达作业计划,正确填写调车作业通知单,合理安排接发列车和调车作业的衔接,掌握调车进度,按规定时间停止妨碍接发列车进路上的调车作业,严禁"抢勾"作业,应及时总结一班工作,查隐患,定措施,总结经验教训。

3.分析总结

学生通过调度所及车站两级现场实习及校内实训后,能够更好地了解铁路调度指挥系统,理解CTC系统与TDCS系统的关系与区别,深刻理解科技是第一生产力;了解铁路运输生产组织过程,培养日常生产的调度指挥能力及应急处理能力,深刻体会到铁路运输有条不紊地安全、高效、高质量地运行下的多工种多岗位的协调配合,对铁路工作人员从心底产生一种钦佩感,激发自己对铁路运输专业的责任感与归属感,树立甘愿为铁路运输事业而奋斗的崇高理想。

案例13　突发情况下行车作业组织与天窗设置
——注重应急管理,防微杜渐

【课程名称】生产实习。

【教学内容】铁路行车生产实习——突发情况下行车作业组织与天窗设置。

【案例意义】通过介绍突发情况下铁路行车作业组织,阐述铁路部门如何在突发事件情况下尽可能减少列车晚点、恢复行车秩序,培养学生的应急管理思维。介绍运行图天窗的设置,旨在加深学生对于防微杜渐,周期性利用铁路天窗开展铁路隐患排查整治的认识。

教学过程

1.问题导入

铁路突发事件是指对铁路运输生产过程产生直接影响且造成直接损失的,在一定的地理区域内突然发生的,规模较大且对社会产生负面影响的,对人民群众生命和财产构成威胁的事件。那么当突发事件发生时,铁路部门首先应该开展什么样的工作?(第一问)在铁路日常运行组织的过程中,铁路部门如何防微杜渐,及时消除各类行车运行隐患?(第二问)

2.讲授正文

铁路突发事件的发生,将导致铁路的正常行车受到影响,需采取不同行车组织原则和策略进行突发事件的处理,以尽快恢复铁路正常行车组织。按照突发事件的影响程度,可以将铁路突发事件分成三种，即一般性突发事件、严重突发事件和恶性突发事件。接下来给学生讲解这三种突发事件下铁路部门所采取的策略。在一般性突发事件的条件下，由于事件给行车组织带来的影响的持续时间较短，同时客流波动程度也较低，所以铁路只会产生较小的局部线路能力损失。所以一般性突发事件条件下的铁路行车组织所面对的问题就是通常的列车运行计划的调整问题，只需要采取传统的列车运行计划调整方式。提问：传统的列车运行调整方式有哪些？（第三问）在严重突发事件条件下，铁路行车组织的内容与传统列车运行计划调整有着较大的不同，需要遵循相应的行车组织原则，并采取相应的行车组织策略，可以根据受影响线路能力损失和其他线路剩余能力进行列车运行线路的调整。同时，也可以进行动车组或机车的交路改变，并且使列车在合适的中间站折回，以便进行线路剩余能力和运资的利用。经过上述调整，对于铁路正常运营的影响程度有多大，对于管控这些不良影响有没有一些自己的看法？（第四问）在恶性突发事件影响下，铁路各部门需要有高度的配合意识，以便完成对各类资源的有效整合，并在应急机构统一指挥下进行行动方案的制订，从而确保在最短的时间内疏通铁路。那么建立完备的铁路行车应急管理体系需要具备哪些重要因素？运行图天窗是指列车运行图中不铺画列车运行线或调整、抽减列车运行，为施工和维修作业预留的时间。那么天窗设置应考虑什么基本因素？（第五问）天窗的开设主要有矩形、V形两种基本形式，并由此两种基本形式相互组合演化出不同的形式。那么矩形和V形天窗在实际应用中有什么特点？（第六问）天窗施工维修的内容一般包括线路大中修、线路和站场技术改造、电气化线路接触网检修、供电设备日常维护和检修等。在高速度、高密度行车条件下，综合维修天窗开设形式和维修时间的确定，对铁路通过能力、行车组织方式有很大的影响。通过数字媒体资源、历史库资源来展示天窗维修的具体内容，深化学生对于铁路部门防微杜渐，利用铁路天窗维护铁路行车秩序，预防行车事故发生的认识。

3. 分析总结

本案例首先讨论了突发情况下铁路行车作业组织，阐述了铁路突发事件内涵及应对措施，使学生对于铁路应急管理有了更加深刻的认识。另外还讨论了运行图天窗的设置，让学生领会防微杜渐的重要性，运用天窗化解铁路行车重大风险的举措，突出日常化的健全的安全教育和良好的职工素养能在铁路应急管理中产生积极作用。

3

专业综合性实践

教学内容和思政融合设计

序号	教学内容	思政映射与融入点	编者
1	知识点：计算机编制铁路列车运行图（一）	案例1：列车运行图编制及调整系统——科研没有捷径，努力才能成功	肖龙文
2	知识点：计算机编制铁路列车运行图（二）	案例2：铁路列车运行图计算机编制实践——深刻体会守时的重要性	周文梁
3	知识点：铁路车站接发列车模拟训练（一）	案例3：车站接发列车进路排列——遵章守则，安全意识	张英贵
4	知识点：铁路车站接发列车模拟训练（二）	案例4：车站接发列车作业模拟——细致认真的职业素养，团结协作的职业精神	张云丽
5	知识点：铁路站场计算机辅助设计（一）	案例5：区段站数字设计实践——精益求精的工程素质，勇于探索的创新精神	陈维亚
6	知识点：铁路站场计算机辅助设计（二）	案例6：铁路站场计算机辅助设计从 CASD 到 BIM——创新驱动工程建设数字化转型	叶峻青

案例1 列车运行图编制及调整系统
——科研没有捷径，努力才能成功

【课程名称】专业综合性实践。

【教学内容】计算机编制铁路列车运行图——列车运行图编制及调整系统。

【案例意义】列车运行图是铁路运输工作的综合计划，由于列车运行图调整频繁，光靠人工进行调整，劳动量大，周期长，而且很难适应经常变化的情况。利用计算机编制和调整列车运行图，能提高编图质量，加快编图速度，把编图人员从繁重的手工劳动中解脱出来，实现列车运行图编制的自动化。

教学过程

1.问题导入

手工编图从资料收集、准备到编调图工作的完成，重复劳动量大、涉及人员和部门多、组织工作复杂、效率低。利用计算机编图，可以提供高效的数据处理手段，保障列车运行图编制的可行性，缩短编图的时间。

2.讲授正文

（1）自动编图

该功能反映了运行图系统的智能化程度，是显示运行图系统设计水平的主要指标之一。本系统在重点考虑了各种约束条件的限制和处理及各种质量指标的满足和调整下，运用基于人工编图经验的启发式搜索算法来进行自动编图，为用户完成编图工作提供了较可靠的辅助决策方案。主要功能有列车始发方案布点、编制旅客列车全图、编制货物列车全图。

列车始发方案布点：选定编图区域，自动计算各列车的合理开车时间范围，按照一定的原则布置列车在始发站或终到站的时刻方案点，并在运行图上以指定的图标显示布点方案。

编制旅客列车全图：在进行旅客列车详图的编制时，系统提供了旅客列车接点功能和自动编图功能，其实质就是根据旅客列车在该编图范围起站或到站时刻，逐次调用推线功能来铺画旅客列车运行线。

编制货物列车全图：与旅客列车固定接续时刻点不同，货物列车在生成始发方案时，重点考虑了列车在编组站、技术站按方向、径路及列车种类别的出发均衡，尽可能保证班与班、阶段与阶段之间的相对均衡等。系统自该编图范围起站或到站时刻，逐次调用推线功能来铺画货物列车运行线。

（2）图形操作

当运行图显示于一个屏幕内时，由于线条密集，运行线难以辨清，因而在屏幕上实现运行图调整也非常困难。要求调图功能中要有图形操作的辅助功能，实现既能对整个图形进行全局浏览，又能支持用户方便地观察、定位局部图形，实现局部微调。主要功能有全图显示、放大显示和缩小显示。

（3）调图参数设置

为提高编调图工作的灵活性，系统设定了多种选择功能让用户设定当前的系统环境参数，以满足不同的用户需求。

在编调图系统的参数设置、视图菜单中，提供了以下主要参数设置功能：按限制区间编图、检查列车间隔、按临客编图、推线不调整其他线、检查天窗设置、是否扣点推线、选定当前编调图操作范围、旅客列车冲突人工优先处理等。

（4）运行线调整

运行图的调整操作可分为两类：一类是对运行线进行修改；另一类是对运行线进行重新铺画。系统提供了列车布点方案的显示调整、正向推线、反向推线、双向推线、换线、车次排序、运行线平移、变更运行线停站、变更运行线区间运行时分、换线等功能。在用户对运行线进行调整时，要求系统提供灵活、方便的手段。由于这部分功能要经常使用，这些功能放在容易选取的地方。

（5）辅助功能

用户使用运行线调整工具时，可能由于疏忽造成间隔不够、运行线错位等错误，此类错误如果不能及时提示，运行图实施时就会造成重大的行车事故，系统应提供方便的查错功能，并且在查完错误后，能清晰地将错误的运行线及出错的地点标识出来，方便用户修改。辅助功能中提供了编图结果检查、编图参数检查等功能。

（6）运行图绘制

在运行图编制与调整完成后，可以使用该功能将运行图以图幅的形式打印出来。每个编制完毕的运行图都可以根据要求绘制为多个不同格式的、不同编图范围的绘图图形文件并保存。

3. 分析总结

我国铁路对利用计算机编制列车运行图的研究始于20世纪60年代初期，许多铁路高校和科研单位采用不同的方法对不同问题做了深入细致的研究，取得了丰硕成果。要让学生明白，任何成就都是一代又一代人的努力得来的，科研没有捷径，努力才能成功。

案例2　铁路列车运行图计算机编制实践
——深刻体会守时的重要性

【课程名称】专业综合实践。

【教学内容】计算机编制铁路列车运行图——列车运行图计算机编制实践。

【案例意义】学生在实验室利用列车运行图编图软件完成一张列车运行图的编制任务，不仅巩固了列车运行图的相关理论知识、熟悉铁路现场编图过程与要求，而且在通过反复调整列车到发时刻使其满足各类安全间隔要求的同时，意识到任意列车的晚点都将影响到后续列车，产生大范围变化，充分认识到列车到发准时对整张运行图的重要性，培养学生在生活中要养成守时的良好习惯。

教学过程

1. 问题导入

铁路列车运行图是铁路列车运行组织的基础，也是旅客出行选择列车的依据。合理编制列车运行图对提高旅客出行服务水平，保障铁路有效开展各项工作具有重要现实意义，同时这项工作也是一项非常复杂而系统的工作，其需要系统协调好各列车在车站的严格到发时刻，确保列车之间无任何到发作业冲突。列车运行图编制及调整系统是我国目前列车运行图编制系统的重要组成部分。本实验学生将使用运行图编制及调整系统完成一条单线列车运行图的编制，包括自动编制货物列车运行图，对完成的运行图进行人机交互调整，最终得到一张无任何错误的、均衡的、旅行速度较高的高质量的列车运行图。

2. 讲授正文

首先，让学生回顾铁路列车运行图问题相关理论知识，学生回想清楚列车运行图规定了各车次列车占用区间的程序，列车在每个车站的到达和出发（或通过）时刻，列车在区间的运行时间，列车在车站的停站时间以及机车交路、列车重量和长度等。它是列车运行时刻表的图解，规定各次列车按一定的时刻在区间内运行及在车站到、发和通过。列车运行图是列车运行的时间与空间关系的图解，它表示列车在各区间运行及在各车站停车或通过状态的二维线条图，如图3-1所示。

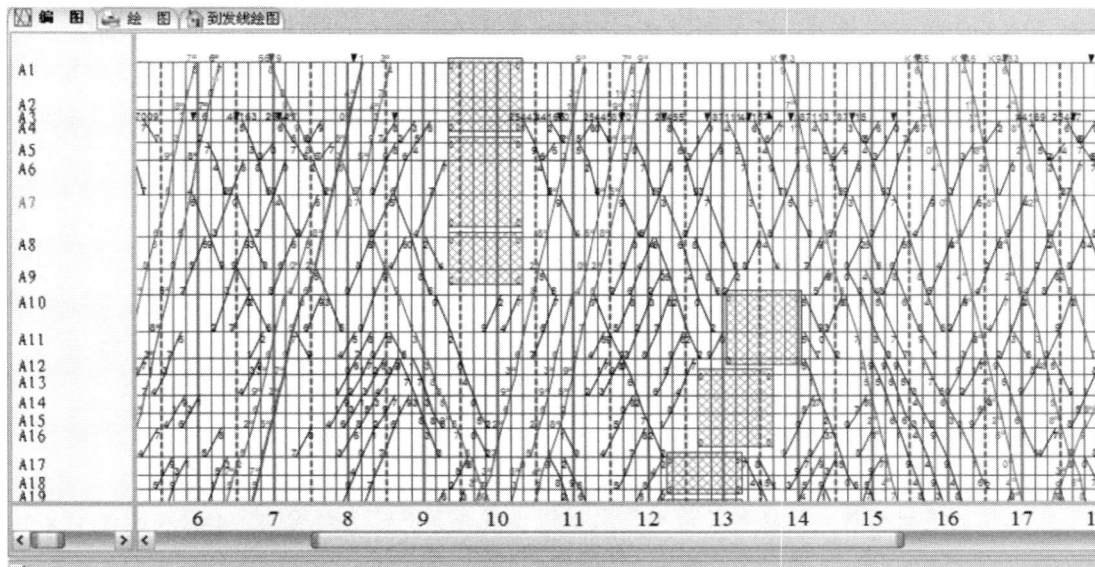

图 3-1 列车运行图编制示意图

其次，让学生熟悉列车运行图编制软件。列车运行图编制与调整系统是在读取数据库运行图资料数据、设置编图参数的基础上，根据用户拟定的旅客列车方案和客货列车运行图信息，提供自动编制和调整客货列车运行图功能，为运行图编制提供较合理的初始方案，提供多种人机交互手段方便用户进一步优化运行图方案，得到合理的运行图计划后，再进行列车运行图的绘制，最后可以通过列车运行图指标统计及报表输出子系统对所编制的列车运行图相关的指标进行统计，根据所得的指标修改相应的编图参数，对列车运行图进行调整。列车运行图的编制与调整系统的操作流程及步骤如图3-2所示。

再次，根据专业综合实践环节要求，利用计算机铺画运行图的原理和方法，使用历史数据和基础数据，动手完成较为复杂的列车运行图方案铺

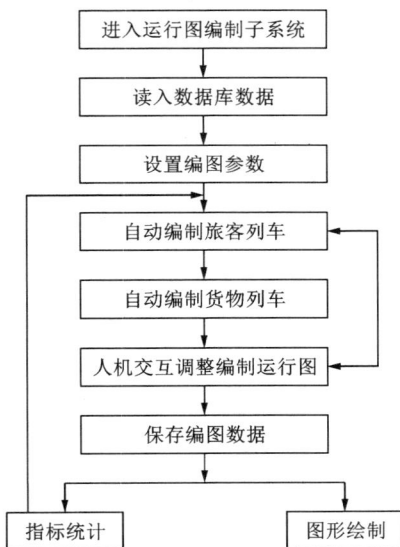

图 3-2 运行图编制与调整系统操作流程图

画，并对列车运行图进行人机交互调整，获得一张可行的列车运行图；进而利用软件指标统计功能进行指标统计，并分析所获得运行图的性能。

最后，让学生根据自己编图操作经验充分总结自己在编图过程中的体会，一方面，认识到专业编图的严谨性；另一方面，体会到守时的重要性。

3. 分析总结

利用计算机编制列车运行图，实质上就是协调各列车在车站的到发时刻冲突，即满足各类最小安全间隔时间要求。学生通过亲身反复对列车到发时刻的调整以满足安全间隔要求，可以深刻体会到一列列车到发时刻的调整，将对其他列车造成的一系列影响，由此充分认识到列车准时的重要性，也由此激发学生在日常学习生活中养成守时的良好习惯，建立良好的时间观念。

案例 3　车站接发车进路排列
——遵章守则，安全意识

【课程名称】专业综合性实践。

【教学内容】铁路车站接发列车模拟训练——车站接发车进路排列。

【案例意义】通过铁路车站计算机联锁系统中排列接发车进路，培养学生严格按照规定程序和规章制度进行操作，强调任何操作必须遵循规章，不能随心所欲，才能确保行车安全。

教学过程

1. 问题导入

介绍铁路车站接发车进路的内涵。接车进路是指列车到达车站时，由进站信号机起至股道末端的警冲标或出站信号机处为止的一段线路；发车进路是指列车从车站发出时，由列车停留股道前端或出站信号机起，至进站信号机或车站与区间衔接处的绝缘节为止的一段线路。基于接发车进路的定义，接发车进路排列时应该如何具体操作？（第一问）

2. 讲授正文

首先和学生讨论现有铁路车站接发车作业的流程。接发车作业主要包括列车接车作业、通过作业、发车作业。其中，接车作业包括有列车车次预告、列车通过、接车进路排列、列车接近以及列车进站作业，发车作业则包括车站请求闭塞、排列发车进路、列车发车作业。对于车站而言，过早地排列接发车进路容易导致对其他作业进路造成干扰，无疑是对咽喉区通过能力的浪费；而排列接发车进路太晚则会导致车站作业的不安全。

接下来继续提问：应该如何确定列车接车进路和发车进路提前排列的时间呢？（第二问）和学生一起分析影响车站接发车进路提前排列时间的因素，可以发现联锁机制、列车时刻表、区间的闭塞形式、股道运用计划对于接发车进路的排列有很大的影响，应该综合考虑列车时刻表中列车的到站、发站时刻以及车站联锁所要求的进路提前锁闭时间，对列车接发车进路的提前排列时间进行确定。在确定了何时排列接发车进路后，针对不同类型的作业，如何确定进路的始端、终端？（第三问）引导学生运用铁路通信与信号所学知识，排列接车进路的始端是进站信号机，终端为接车股道的反向出站信号机；排列发车进路的始端是当前股道的正向出站信号机，终端为列车运行方向的反向进站信号机；排列通过进路则应先办理发车进路，然后办理接车进路。

然后继续提问：如果发现所办理好的接发车进路不是车站作业计划中所要求的，应该如何取消已办理好的进路？（第四问）结合铁路车站计算机联锁系统，首先强化学生的安全意识，在取消已办理好的进路时，应首先确定该进路为预先锁闭状态且进路空闲，然后按压总取消按钮，接着按压进路的始端按钮即可取消已办理好的进路。

最后，请学生总结，车站接发车进路排列和车站的联锁、列车时刻表、股道运用计划等密切相关。配合铁路车站计算机联锁系统，引导学生切身体验，增强对列车接发车进路的排列的认知及熟练掌握进路的排列、取消操作。

3. 分析总结

本案例通过第一问明确了本次实践的具体目标即为学习如何排列进路，在排列进路之前，需要确定进路提前排列的时间（第二问），接着通过不同进路排列操作始终端的讲解（第三问），让学生对进路的排列有一个具体的了解，最后对于进路排列过程中出现的错误（第四问），强化学生取消进路的安全操作。规范、正确、合规的操作是确保安全的关键因素，是提高作业效率的隐性因素。铁路车站是铁路系统基本的生产单位，进路排列是车站行调作业中最为重要的内容，也是确保车站安全的关键内容。在引导学生采用计算机联锁进行进路排列操作时，需要确保学生操作的规范性，站在车站运营安全的角度进行考虑，确保每一步操作是合乎行车规范的，才能在确保安全的同时提高效率。

案例 4　接发列车模拟训练
——细致认真的职业素养，团结协作的工作作风

【课程名称】专业综合性实践。

【教学内容】铁路车站接发列车模拟训练——车站接发列车作业模拟。

【案例意义】专业性综合实践训练是交通运输专业的必修环节之一，通过让学生使用与铁路现场逻辑一致的接发列车软件，使学生切实了解现场车站级行车作业组织过程，掌握车站值班员的作业内容和基本技能，理解故障下的车站作业组织办法，明白车站各行车岗位作业间的配合，培养学生分析问题和解决问题的能力，锻炼学生的沟通能力和团队协作精神，提升学生的安全意识，使其养成严谨专注、精益求精、耐心坚持的职业精神和工作作风。

教学过程

1. 问题导入

我国有六七千座车站，这些车站有些每天需要接发上百列列车，如何正确地组织列车进站、停在相应的股道并在办理好相应手续后按时发车，是每个运输人必备的技能。

针对给定的车站和 1 h 内的运输训练计划，请各位同学以车站值班员身份，思考正常情况下的接发车作业有哪些环节？需要和哪些人员办理手续？给定的计划中出现道岔故障，而

在此期间，接发车作业等还办理吗？如何办理？

2. 讲授正文

（1）仿真软件介绍

为使大家能够更好地了解铁路车站级操作过程，我们将使用接发列车模拟演练系统来模拟车站值班员的工作，该套模拟系统是集单机练习、比武演练、理论教学、实作考试、方案制作、资料查询于一体的，实现车站各岗位培训学习的开放式教学系统，系统功能齐全，内容丰富，模拟场景贴近现场。系统车站联锁系统包含 TYJL-Ⅱ、TYJL-TR9、VILOCK、DS6-K5B 等铁路常用的联锁制式系统，我们主要是用 TYJL-Ⅱ 型来模拟仿真，区间闭塞设备有移动闭塞、四显示、64D、计轴等可供选择，我们选择双线双向四显示自动闭塞。操作中为使大家更形象地理解现场操作，模拟系统加入了调度电话及车机联控电话，全真模拟现场生产环境。友情提示大家，系统具有智能评判功能，可以智能跟踪记录及评判系统全程记录大家的模拟过程，并对大家操作进行智能评判扣分，大家在训练过程中可通过文字记录下操作过程、扣分点、运统-46 登记等情况，以便下次操作中更正错误。

（2）方案设计及任务布置

这是给定的双线双向车站，区间采用自动闭塞，要求完成给定的 1 h 作业计划，计划期间会有车站内设备故障及区间塌方故障。要求大家以车站值班员身份在设备正常情况下完成列车接车工作、发车工作及正线通过作业，道岔故障时的处理，进行道岔故障情况下的接车作业（引导接车），信号机故障下的发车作业，区间塌方下向区间开行救援列车及反方向发车。

（3）操作过程中注意事项

①模拟调度员操作编辑下达阶段计划时，因为给定的方案是本站到达时间或本站出发时间，大家要根据列车类型确定区间运行时分，计算对方站发车时间或到达对方站时间，注意需将起停附加时分计算在内，阶段计划的编制可采用表格编辑方式和鼠标拖曳运行线两种方式进行。

②正常情况下的接发车作业的注意事项。首先熟悉行车日志（运统二）界面，在接收到调度下达的阶段计划后，开始日常工作。接发车作业内容按给定说明书中的操作规程办理进行。注意填写行车日志，列车作业的办理采用鼠标右键，调车作业的办理采用鼠标左键。办理正线通过时需要先和下一接车站办理闭塞，注意区间闭塞状态显示。大家可通过调监系统查询邻站和区间列车运行情况、信号、进路状态等信息。

③车站故障情况处理时的注意事项。现场故障时，会出现警报，注意这时需应先消除提示，然后按说明书步骤给电务、工务、站长、调度所等相关人员打电话并需要填写运统-46 进行故障登记。设备故障修复后，车站值班员在接收电务、工务设备修复报告后向调度所报告设备修复，并填写运统-46。

④办理引导接车、绿色许可证发车、路票发车及反方向行车时的注意事项。接车进路范围内有轨道电路故障时，可采用引导接车办法接车，引导接车需注意在单操道岔到规定位置后点击相应引导按钮，并按提示输入口令后，开放引导信号；列车进站后，点击总人解和右击进站列车信号，解锁引导进路；其他白光带点击故解和道岔中点解锁。当出站信号机不能开放的情况时，列车若要出发，可采用绿色许可证发车。区间闭塞设备故障属于设备故障，应按故障情况处理。在区间闭塞设备故障无法正常使用时可采用路票发车，注意需和对方站

打电话请求确认区间是否空闲，再申请停用基本闭塞法，改用电话闭塞；对方站同意闭塞后，办理发车进路后通知助理值班员凭路票发车，并告知调度所发车报点，填写行车日志。同学们需思考绿色许可证发车和路票发车的不同。

若双线区间中一条线路发生故障，为完成运输任务，另一条正常线路上可进行反方向行车，办理反方向行车时需改方；注意要向调度所申请反方向发车调度命令，可通过总辅助打开隐藏的改方按钮，按提示输入口令。

⑤开行救援列车的注意事项。如果遇到区间塌方等故障，在接受工务报告区间塌方故障报告后，应向调度所进行特殊情况报告，填写运统-46，并申请封锁故障段线路调度命令，在调度命令下达后签收施工或施工天窗调度命令并发放行车凭证，通知助理值班员到信号楼领取行车凭证，顺排调车进路发出路用列车，向调度和对方站报列车出发点并填写日志。故障清除后，申请路线修复开通区间的调度命令，接到命令后签收调度命令，注意填写运统-46。

3. 分析总结

学生通过接发车模拟训练软件不仅能够了解车站接发车流程，而且能掌握车站值班员作业日常，同时也培养了问题出现时分析问题和解决问题的能力；更重要的是能够深刻体会到要让车站有条不紊的安全、高效、高质量地运行，需要多工种岗位协调配合，对铁路工作人员从心底产生一种钦佩感，提升对铁路运输专业的认同感与自豪感，甘于为铁路运输事业而奋斗。

案例5 区段站数字设计实践
——精益求精的工程素质，勇于探索的创新精神

【课程名称】专业综合性实践。

【教学内容】铁路站场计算机辅助设计——区段站数字设计实践。

【案例意义】区段站数字设计是学习铁路站场设计的重要工程训练环节，通过使用专业设计软件尤其是尝试使用BIM软件开展车站数字设计，培养学生精益求精的工程素质和勇于探索的创新精神。

教学过程

1. 问题导入

铁路站场设计是轨道交通运输专业学生必学核心专业知识和必须掌握的工程技能。早期师生和工程师们手绘站场图形，后来使用AutoCAD等软件设计二维车站，再后来使用基于AutoCAD二次开发的站场CASD等专业设计软件提高设计效率。数字化设计一直是铁路站场设计发展的重要方向，也一直在不断进步。当前，BIM技术作为一种新兴的三维设计技术，在铁路工程设计领域有很好的应用前景。通过区段站数字设计实践训练培养学生精益求精的工程素质，同时鼓励学生探索BIM设计软件开展车站三维数字设计，培养勇于探索的创新精神。

2. 讲授正文

（1）CASD站场数字设计

铁路站场辅助设计系统CASD是为我国铁路勘测设计部门的站场设计工作需要而研制开发。该系统为站场设计人员提供了站场平面、纵断面、工程数量计算、横断面设计、站场设计规范等方面的支持，可用于普速、客运专线、高速铁路各种速度目标值铁路站场设计，适用于预可研、可研、初步设计、施工图设计的各个阶段，可完成站场专业涉及的复杂枢纽、各种站型、站段、疏解线的设计工作，适用性强。

利用CASD开展区段站设计，需要同学们用精益求精的工程师精神要求自我圆满完成设计任务。

（2）BIM站场数字设计

BIM软件是建筑、工程和土木工程中的常用工具，它通常作为描述与三维图形、物件导向有关的计算机辅助设计工具，它具有可视化、协调性、模拟性、优化性、可出图性的特点。我国是在2003年开始引用BIM技术，并取得了国家政策和理论研究方面的支持。近几年BIM技术发展迅速，已经成功运用在很多有影响力的工程之中，上海中心大厦、广州东塔等都运用了BIM技术。

同样的，BIM技术在铁路工程中的应用也有极高的价值。BIM是实现铁路工程建设信息化的主要技术方向。铁路行业BIM技术目前在国内发展势头良好，在BIM技术研究方面也取得了一定成果，如京张高铁BIM项目荣获"基础设施年度光辉大奖"特别荣誉奖；2019年，国内首条智能化高速铁路——京雄城际铁路按BIM标准设计投入运营；上海昆明客运专线北盘江特大桥BIM模型线路是使用达索平台建造的，并进行了设计、施工、运营和维护的探索性研究；中铁第一勘察设计院集团有限公司确定了铁路工程平台选择建模的原理，并将其应用在桥梁、隧道、车站建筑物等中。

BIM技术的核心在于在整个项目生命周期共享和更新模型信息，也就是说，从整体到局部逐渐添加细节信息，项目设计的全阶段都可以使用BIM技术，通过整合整个有机体的信息，使信息相互之间形成关联，准确传递数据信息，提高信息管理的效率。

目前，BIM站场设计还处在不断探索和进步的过程中，希望同学们能够勇敢尝试和探索使用BIM软件开展数字车站设计。

3. 分析总结

区段站数字设计是学习铁路站场设计的重要工程实践与训练环节，通过要求学生使用专业CASD设计软件和鼓励使用BIM软件开展数字设计，在实践中培养学生精益求精的工程素质和勇于探索的创新精神。

案例6 铁路站场计算机辅助设计从 CASD 到 BIM
——创新驱动工程建设数字化转型

【课程名称】工程实践。

【教学内容】铁路站场计算机辅助设计——数字化设计工具的发展。

【案例意义】数字化技术的发展已经走过了二维数字化阶段，并从单一的三维模型应用走向集成式应用。让学生知道我们正迈向一个通用数据环境下的互联 BIM 时代，未来技术发展必然会朝着创新驱动的数字孪生、大数据下的自动化和智慧化方向不断前行。

教学过程

1. 问题导入

同学们刚刚做完了区段站课程设计，用 AutoCAD 完成了车站比例尺图的绘制。在这里，AutoCAD 只是普通的绘图工具，不具备任何专业特色。你们有没有想过把专业和 AutoCAD 结合起来以节省大家的时间呢？CASD 就是一款这样的软件。

2. 讲授正文

（1）铁路站场辅助设计系统

CASD 是为我国铁路勘测设计部门的站场设计工作需要而研制开发的，它可运行于 Windows98/Windows2000/Windows XP 操作系统，是利用 AutoCAD 提供的 OBJECTARX 工具包进行二次开发完成的。该系统为站场设计人员提供了站场平面、纵断面、工程数量计算、横断面设计、站场设计规范等方面的支持，可用于普速、客运专线、高速铁路各种速度目标值铁路站场设计，适用于预可研、可研、初步设计、施工图设计等各个阶段，可完成站场专业涉及的复杂枢纽、各种站型、站段、疏解线的设计工作。

（2）基于 BIM 的铁路建设管理

在 CASD 中呈现出来的图纸是二维的，不能将项目各个角度的信息体现出来，需要多个二维 CAD 图纸。BIM（building information modeling）即建筑信息模型，它可以通过数字信息仿真模拟建筑物所具有的真实信息，在提高生产效率、节约成本和缩短工期方面发挥重要作用。基于 BIM 的铁路建设管理是 BIM 技术与铁路工程规划、设计、施工及竣工交付全过程管理相融合的全新理论、方法和技术，将 BIM 技术引入铁路工程建设中，创建铁路工程信息模型，以模型数据对象的形式组织和表现铁路及其组成部分，实现建设管理数据共享、传递和协同等功能；并充分利用 BIM 技术，对传统的规划设计、组织管理、施工建造和竣工验收进行创新，实现从规划阶段根据铁路工程概要信息初步建立铁路工程信息模型，到设计阶段对承载铁路工程概要信息的信息模型进行深化，再到施工阶段把施工过程中的各类信息添加到模型中进行丰富和优化，在运维阶段对竣工交付阶段交付的信息模型进行补充，添加基础设施运行和维护信息，从而建立覆盖铁路工程各个阶段的完整的数字产品并进行应用；实现各阶段、各专业和各参与方的协同工作，保证了各阶段之间的信息流转以及全过程信息共享，重点解决铁路工程建设过程中的各类技术、管理难点问题，推进铁路建设数字化、信息化和智能化发展。

（3）铁路站场 BIM 设计

铁路站场涉及专业多，接口设计工作量巨大，采用 BIM 设计不仅可以实现站场三维可视化设计，还有利于专业间的衔接，减少设计中的差错、碰撞和遗漏。铁路 BIM 设计系统的目标是以铁路站场设计相关规范标准为依据，综合考虑铁路站场设计的业务流程及习惯，基于 BIM 设计的理念，能够高效完成站场线路、构筑物及设备的高效设计，并通过接口设计，加强专业间的衔接沟通，减少设计中的差错、碰撞和遗漏。系统的具体功能有线路设计功能、路基设计功能、轨道设计功能、设备设计功能、数据管理功能。

3.分析总结

CAD 呈现出来的图纸是二维的，BIM 可以以三维的形式把建筑体现出来，更具有空间感、立体感。从本质来讲，BIM 就是在构建项目时，对项目的物理特征、功能进行设定，是其对构建项目的数字化表达。BIM 加强了设计单位、施工单位、勘察单位、建设单位之间的交流与协作，加快了信息的传递速度，既提高了工程建设质量，又节约大量时间与成本。BIM 技术是目前解决建筑领域污染严重、能耗高等多年顽固性问题的有力手段，能加快建筑行业的绿色升级转型。数字化技术的发展已经走过了二维数字化阶段，并从单一的三维模型应用走向集成式应用。展望 BIM 的未来，正迈向一个通用数据环境下的互联 BIM 时代，未来技术发展必然会朝着创新驱动的数字孪生、大数据下的自动化和智慧化方向不断前行。

4

交通运输创新创业实践与案例

教学内容和思政融合设计

序号	教学内容	思政映射与融入点	编者
1	知识点：创新创业的基础概念与大学生创业	案例1：认识创新与创业——创新思维与开拓精神	冯芬玲 宋晓东
2	知识点：创新思维与技法	案例2：创新思维与技法——马克思主义基本原理与主观能动性	冯芬玲 宋晓东
3	知识点：创新创业项目文书撰写及成果提炼	案例3：创新创业项目文书撰写及成果提炼——理论与实践的辩证关系	宋晓东 冯芬玲
4	知识点：交通运输创新创业案例	案例4：交通运输创新创业案例——服务科技强国和交通强国	宋晓东 冯芬玲

案例1 认识创新与创业
——创新思维与开拓精神

【课程名称】交通运输创新创业实践与案例。

【教学内容】创新创业的基础概念与大学生创业。

【案例意义】通过对创新创业基础概念以及大学生创业的介绍，让学生对本课程产生初步认识，对创新创业的内涵以及大环境有较为全面的了解，同时要求学生思考自己的能力与不足之处，培养学生的创新思维和开拓精神。

教学过程

1.问题导入

什么是创新？什么是创业？身为一名大学生又该如何充分利用现有条件进行创业？

2. 讲授正文

创新思维是指以新颖独创的方法解决问题的思维过程，通过这种思维能突破常规思维的界限，以超常规甚至反常规的方法、视角去思考问题，提出与众不同的解决方案，从而产生新颖的、独到的、有社会意义的思维成果。开拓精神是中国共产党人精神谱系中的一部分。当代大学生需要同时具备创新思维与开拓精神，方能在创新创业的沃土中茁壮成长。通过15 道创新创业能力自测题，帮助学生进行基本素质自测，激发学生的学习兴趣。

（1）什么是创新？创新的类型有哪些？创新的方法又有哪些？

创新一词出现很早，在中国的古典文献中就有提及，如《广雅》："创，始也；新，与旧相对。"《魏书》有"革弊创新"，《周书》中有"创新改旧"。在西方英语中 innovation 这个词起源于拉丁语，原意有三层含义：第一，更新，就是对原有的东西进行替换；第二，创造新的东西，就是创造出原来没有的东西；第三，改变，就是对原有的东西进行发展和改造。创新大致有两种意味，一种意味是创造了新的东西，这和创造实际是同一个意思；另一种意味是本来存在一个事物，将它更新或者造出一个新事物来代替它，在这种意味下，创新中包含了创造，但创造并不可能凭空而起，新的创造一般是建立在原有的事物或其转化的基础上，包含了对原有实物的创新，因而创造中又包含了创新。创新的特点有目的性、变革性、新颖性、超前性、价值性、风险性、动态性。创新按表现形式分类，有产品创新、技术创新、制度创新、职能创新、结构创新和环境创新。创新的方法有原始创新，集成创新，引进、消化吸收再创新。

（2）什么是创业？创业的要素有哪些？创业的类型？创新与创业之间的关系是什么？

从广义上来说，创业泛指在各个领域开创事业，并且在特定领域内产生较大的影响，一般强调关系到国计民生的事业。从狭义上来说，是指发现和捕捉机会，并由此创造出新颖的产品或服务，实现其潜在价值的过程，强调"实现潜在价值"。创业是一个创造过程，需要付出时间和努力，要承担风险，可获得回报。既然创业是一个创建企业的过程，那么企业所需具备的要素，也就成为创业的要素。管理学认为，企业可以看作一个由人的体系、物的体系、社会体系和组织体系组成的协作体系。人的因素包括创业者、企业内部的人际关系、企业外部的人际关系。物的因素包括资金、技术、原材料和产品生产手段。社会因素包括社会认可和创业符合社会发展的要求。组织因素包括决策功能、创建组织、激励员工和领导。创业的类型各不相同。创新与创业两个范畴之间有着本质上的契合，内涵上的相互包容和实践过程中的互动发展，创业是从无到有的实践，创新是创业的基础，创业推动着创新。

（3）大学生创业

大学生创业的基本条件，有个人素质和外在条件。对大学生创业优惠政策进行解读——有税收优惠、创业担保贷款和贴息、免收有关行政事业性收费、享受培训补贴、免费创业服务、取消高校毕业生落户限制、创新人才培养、开设创新创业课教育课程、强化创新创业实践、改革教学制度等。创新创业的培训平台有 KAB（know about business）培训。KAB 的意思是"了解企业"，是国际劳工组织为培养大学生的创业意识和创业能力而专门开发的教育项目；SYB（start your business）培训，培训目标是经过培训帮助创业者正确认识自我，创业意识得到增强，使创业者形成一个相对完善的、实际的企业构想，对企业即将面临的市场环境有理性的认识，且能够正确对市场进行评估。

3. 分析总结

简要介绍"创新创业"的基础概念以及大学生创新创业需要做到什么，让学生对"交通运输创新创业实践与案例"这门课程的核心内容——创新与创业进行了解，帮助学生更好地接受这门课程中所要讲述的内容，提升积极性。与此同时，鼓励学生培育创新思维和开拓精神，利用大环境提供的便利，将课上所学知识进行实际转化。

案例2 创新思维与技法
——马克思主义基本原理与主观能动性

【课程名称】交通运输创新创业实践与案例。

【教学内容】创新思维与技法。

【案例意义】在介绍创新创业，对创新创业实践与案例进行分析的同时，自然要讲解到创新思维与创新的技法，"授人以鱼，不如授人以渔"，让学生掌握自我进行创新性思考与实践的途径，同时也可以将内容与马克思主义基本原理相结合，有助于学生思想水平的提高。

教学过程

1. 问题导入

什么是创新思维？创新思维的技法有哪些？创新思维的障碍及克服对策？

2. 讲授正文

马克思主义原理中曾对主观能动性进行过讲解。主观能动性是一个哲学概念，亦称"自觉能动性"，它指人的主观意识和实践活动对于客观世界的能动作用。主观能动性有两方面的含义：一是人们能主动地认识客观世界；二是在意识的指导下能主动地改造客观世界。在实践的基础上使二者统一起来，即表现出人区别于物的主观能动性。创新思维与创新思维的技法正是这样的一种意识与如何产生意识之间的关系，在创新思维的指导下大学生进行创新，也是一种主动改造客观世界的方法。

什么是创新思维？创新思维的特点有哪些？如何对创新思维进行分类？

从树上还剩几只鸟、如果人都长得一样两个问题入手，引发学生的思考。通过介绍 1 磅铜的价格的案例，引入创新思维的内涵。思维，是为了完成某项任务大脑进行的活动，用通俗的话语来说就是思考、思索。如果进行分解，思，就是想，维，就是维度和秩序，因此思维就是大脑为了解决某个问题而进行的不同维度的、有秩序的思考。这里的不同维度和秩序，就是我们常说的思维方式。创新思维是指人们为解决某一问题，自觉、能动地综合运用各种信息寻求问题答案或解决方法的思考活动。通过创新思维，常常能突破常规思维的界限，以超常规甚至反常规的方法、视角去思考问题，提出与众不同的解决方案，从而产生新颖的、独到的、有社会进步意义的思维成果。创新思维是进行创新实践活动的基础条件，是思维的高级形式。创新思维的培育是提高创新能力的关键。创新思维的特点有敏感性、新颖性、联动性、开放性和跨越性。创新思维的类型有发散思维、收敛思维、联想思维、逆向思维、组合思维、质疑思维、逻辑思维和非逻辑思维。

创新思维的技法有哪些？创新思维的障碍及克服对策？

创新思维的技法有智力激励、设问检查、列举分解、逆向转换、联想类比、聚合交叉。影响创新思维的主要障碍有传统观念、固定观念和思维定式。传统观念是创新思维的重要障碍，它顽强地维护着它赖以存在的实践和社会基础，反对思维对现存事物的超越。受传统观念的影响，人们会因循守旧，墨守成规，用老眼光、老办法去面对新问题。所谓固定观念，是指人们在特定的领域内形成的观念。在该领域内某种观念是适用的，如果超出这个范围，它们就可能变得不再适用了。但是，由于观念在思维中的惯性作用，人们总是习惯于用固有的观念去认识、评价面对的问题，而不管这个问题是否超出了原来的领域范围。思维定式是指人们对同一类事物和现象进行思考往往采用相同或相似的思维方式，得到相同或相似的思维结果。过去的思维结果如果被实践证明是正确的，或者被实践证明是错误的，人们将产生对这种思维方式和思维结果的记忆。以后再遇到类似事物和现象时，人们仅凭记忆就可以得到"结论"。创新思维的障碍根源于创新主体的心智模式，并受到创新主体知识、经验和个人素质的制约。因此，克服创新思维的障碍既要注重反思和探寻创新主体的心智模式，又要加强对创新主体创新思维原理的学习和训练。对创新主体来说，克服创新思维障碍的主要途径有具有怀疑批判精神、克服胆怯心理、学会运用创新思维的原理和方法。

培育创新思维的方法与途径主要有：①积累丰富知识；②坚持独立思考；③冲破习惯束缚；④提高联想能力；⑤把握直觉和灵感。

3.分析总结

创新思维，对应到马克思主义基本原理中即为意识，而创新思维的技法，就是产生这种意识的方法。将课堂内容与马克思主义基本原理相结合，鼓励学生在掌握创新思维及技法的基础上能够进行深入的思考。

案例3　创新创业项目文书撰写及成果提炼
——理论与实践的辩证关系

【课程名称】交通运输创新创业实践与案例。

【教学内容】创新创业项目文书的撰写方式及成果提炼。

【案例意义】通过教导学生创新创业文书的撰写方式以及如何将成果提炼成专利、论文等形式，引导学生将想法与做法转换成更为可行且通用的表达方式。同时鼓励学生"把论文写在祖国大地上"，将理论与实践相结合，思考理论与实践之间的辩证关系，使理论和创新符合中国实际、具有中国特色，为社会主义现代化建设献计献策。

教学过程

1.问题导入

如何撰写创新创业项目申请书和结题报告？怎样申请专利？怎样发表论文？

2.讲授正文

2020年8月24日，习近平总书记在中南海主持召开经济社会领域专家座谈会时指出，新时代改革开放和社会主义现代化建设的丰富实践是理论和政策研究的"富矿"，希望广大理论工作者从国情出发，从中国实践中来、到中国实践中去，把论文写在祖国大地上，使理论和政策创新符合中国实际、具有中国特色。习近平总书记运用辩证唯物主义的世界观和方法论，深刻阐述了理论与实践的辩证关系，为理论和政策研究工作指明了正确方向，提供了根本遵循。文书撰写及成果提炼是将个人或团队的创新创业结果进行转换的重要途径，在此基础上加以实践，辩证地看待理论与实践之间的关系，顺应事物发展的根本规律。

如何撰写创新创业项目申请书？如何撰写创新创业项目结题报告？怎样申请专利？怎样发表论文？

创新创业项目申请书的撰写要点有简表、摘要、立项依据、课题设计方案、研究基础、进度与分工、经费预算、可行性预测和专家推荐或同行评议意见。撰写申请书时需注意：①选择要新，主攻方向和重点要明确。②课题题目及其内容应符合要求。③立意依据要充分，要有重要科学意义；用于指导实践时应有较好的应用背景。④学科和代码要认真选择对口的，具体到三级学科。⑤起点要高，学术思想力求新颖，与国内外同类工作比较具有先进性和创新性。⑥技术路线要清楚明了，研究方案要合理可行，研究方法力求先进。⑦申请人和主要合作者已有的研究基础和条件要充分写出，使人确信承担者有能力和条件完成此项科研任务。⑧预期结果要明确具体，已有预试验者，应将预试验结果写出来。⑨科研组人员结构要合理，技术要求齐全，科研工作时间要有足够的保证，能满足本项研究工作的需要。⑩申请金额要适度，预算开支要合理。结题的流程包括结题材料的提交和审阅与召开结题论证会。结题工作需要注意课题组在提交结题申请前，应先对结题材料进行充分准备，特别是结题报告的撰写；对课题的研究结果要客观、如实地进行反映，正确认识课题研究过程中存在的问题，即使失败也是一种成功经验，它是对同类课题进行进一步研究的宝贵经验；专家组亦应客观、公正地对课题成果给出恰当的评价，不能以偏概全、一叶障目，要实事求是、科学合理地揭示课题研究的价值与意义。

专利（patent）一词来源于拉丁语，意为公开的信件或公共文献，是中世纪欧洲君主用来颁布某种特权的证明。"专利"这个概念目前没有统一的定义，被人们普遍接受的一种说法是：专利是专利权的简称，是由专利机构依据发明申请所颁发的一种文件。这种文件叙述发明的内容，并且产生一种法律状态，即该获得专利的发明在一般情况下只有得到专利所有人的许可才能利用，专利的保护有时间和地域的限制。专利的特点有排他性、地域性、时间性和实施性，按种类不同划分为发明专利、实用新型专利、外观设计专利。在进行准备工作时，需要撰写专利请求书、专利说明书和权利要求书。申请发明专利应当提交发明专利请求书、说明书（必要时应当有附图）、说明书摘要（必要时应当有附图）和权利要求书等文件；申请实用新型专利应当提交实用新型专利请求书、说明书、说明书附图、说明书摘要、摘要附图和权利要求书等文件。国务院专利行政部门收到发明专利申请后，要经过初步审查、实质审查、授权并公告等一系列审批程序。一般说来，一件发明专利需要约3年时间才能获得专利权。由于实用新型只需初步查查，通常约1年的时间就可获得专利权。外观设计申请日确定后，获得专利权通常需要半年到1年的时间。

学术论文的特点有学术性、科学性、创造性和理论性。按研究的学科分，学术论文可分为自然科学论文和社会科学论文；按研究内容分，可分为理论研究论文和应用研究论文；按写作目的分，可以分为交流性论文和考核性论文。

3. 分析总结

文书撰写及成果提炼，是将个人和团体创新创业结果进行转换的必经之路。习近平总书记曾运用辩证唯物主义的世界观和方法论，寄语广大理论工作者"把论文写在祖国大地上"，学习本知识点，让学生在掌握方法的同时也对辩证唯物主义下理论与实践的关系进行思考，深入探究事物发展根本规律的内涵。

案例 4　交通运输创新创业案例分析
——服务科技强国和交通强国

【课程名称】交通运输创新创业实践与案例。

【教学内容】交通运输创新创业案例分析。

【案例意义】通过对交通运输创新创业案例进行分析和介绍，让学生在开拓思路的同时大致掌握交通运输领域创新创业的流程，同时全面学习理解国家的科技强国以及交通强国发展战略，思考如何运用课上所学知识，将个人前途与国家发展相结合。

教学过程

1. 问题导入

从之前的交通运输创新创业实践案例中我们可以学到什么？什么是科技强国？交通强国发展战略对我们提出了什么要求？

2. 讲授正文

1）创新作品与创业案例

（1）基于 GPS 及 RFID 的电子导盲系统设计

新型电子导盲系统所需要的功能、相应技术已基本趋于成熟，只需在现有技术上进行有效结合，如使用 GPS、三维电子罗盘和 RFID 相互结合的方式进行定位定向导航，规划路线引导行人出入大型公共场所；使用超声波探测障碍技术探测障碍并通过蜂鸣器提醒使用者；信息交互模块则用语音交互系统结合简易的按键来实现。将 GPS 和 RFID 技术结合，由 RFID 弥补 GPS 进度不够的问题，既实现定位导航的功能又节约成本；操作简便，适于盲人操作；电子盲杖底部的超声波探测障碍发射接收系统，能有效探测近距离障碍物，遇到近距离障碍物时盲杖产生蜂鸣提醒，提示盲人注意前方道路障碍；电子盲杖外观制作上具有折叠性和可装卸的，做成红白条纹相间状，容易引起过往车辆注意，同时方便盲人携带。盲杖整体材质结实耐用，尤其盲杖地步保证抗磨损性；三维电子罗盘精确确定及指导盲人行走方向，通过语音提示盲人，既可有效避免盲人行走时偏离正确方向，又可在非直角等转弯处提醒盲人大概转弯角度；定位防走失功能可有效避免盲人不慎走失等危险状况的发生。

（2）用于交通信息采集的四旋翼飞行监测系统设计

独立自主完成具有自主知识产权的四旋翼飞行平台的设计与制作；拓展了飞行器的多功能性，使之初步具有自主飞行的能力；整合机器视觉领域的成果，首次提出了以四旋翼作为移动平台的交通信息采集系统的设计，并完成相关的机器视觉识别算法。该系统能广泛地应用于道路快速应急监测平台的部署,弥补传统监测手段的不足。在事故的应急响应以及重大场合下道路信息监测将发挥重要以及不可替代的作用。

(3)列车伸缩式碰撞吸能装置

现有的列车碰撞吸能装置已能吸收相当一部分动能,但由于吸能板块都固定安装于车辆端部,受安装尺寸及其他因素的限制,吸能区不足,吸能效果有限,需要依靠牺牲车体自身的完整性来完成吸能,这对驾驶员和乘客的生命财产安全构成了威胁。为此,提出一个"可变形火车"的设想,即在机车内部安装一个可快速伸出到车头前位置的吸能装置。当事故发生时,该装置能快速伸出"手臂",在车体外部吸收动能,最大程度上保护车体与人身安全。

2)科技强国

在革命、建设、改革各个历史时期,我们党都高度重视科技事业。从革命时期高度重视知识分子工作,到新中国成立后吹响"向科学进军"的号角,到改革开放提出"科技是第一生产力"的论断;从进入新世纪深入实施知识创新工程、科教兴国战略、人才强国战略,不断完善国家创新体系、建设创新型国家,到党的十八大后提出创新是第一动力、全面实施创新驱动发展战略、建设世界科技强国,科技事业在党和人民事业中始终具有十分重要的战略地位、发挥了十分重要的战略作用。

科技创新是提高国家综合实力和国际竞争力的决定性力量,世界主要国家都将科技创新战略上升为国家战略。习近平总书记强调,抓创新就是抓发展,谋创新就是谋未来。科技强国建设是现代化强国建设的战略支撑,理解科技强国建设的目标任务,必须与现代化强国建设的目标任务相结合。

在现代化强国建设大格局中来谋划科技强国建设,必须结合自身优势特点走中国特色自主创新道路,学习借鉴科技强国建设的国际经验,强化科技强国对现代化强国的战略支撑。既要重视构建社会主义现代化国家创新体系、促进科技创新跨越式发展,又要重视建设以创新为战略支撑的现代化经济体系、促进创新驱动引领发展。

3)交通强国

建设交通强国是以习近平同志为核心的党中央立足国情、着眼全局、面向未来做出的重大战略决策,是建设现代化经济体系的先行领域,是全面建成社会主义现代化强国的重要支撑,是新时代做好交通工作的总抓手。

指导思想:以习近平新时代中国特色社会主义思想为指导,深入贯彻党的十九大精神,紧紧围绕统筹推进"五位一体"总体布局和协调推进"四个全面"战略布局,坚持稳中求进工作总基调,坚持新发展理念,坚持推动高质量发展,坚持以供给侧结构性改革为主线,坚持以人民为中心的发展思想,牢牢把握交通"先行官"定位,适度超前,进一步解放思想、开拓进取,推动交通发展由追求速度规模向更加注重质量效益转变,由各种交通方式相对独立发展向更加注重一体化融合发展转变,由依靠传统要素驱动向更加注重创新驱动转变,构建安全、便捷、高效、绿色、经济的现代化综合交通体系,打造一流设施、一流技术、一流管理、一流服务,建成人民满意、保障有力、世界前列的交通强国,为全面建成社会主义现代化强国、实现中华民族伟大复兴中国梦提供坚强支撑。

发展目标:到2020年,完成决胜全面建成小康社会交通建设任务和"十三五"现代综合交通运输体系发展规划各项任务,为交通强国建设奠定坚实基础。从2021年到21世纪中叶,分两个阶段推进交通强国建设。到2035年,基本建成交通强国。现代化综合交通体系基本形成，人民满意度明显提高，支撑国家现代化建设能力显著增强；拥有发达的快速网、完善的干线网、广泛的基础网，城乡区域交通协调发展达到新高度；基本形成"全国123出行交通圈"（都市区1 h通勤、城市群2 h通达、全国主要城市3 h覆盖）和"全球123快货物流圈"（国内1 d送达、周边国家2 d送达、全球主要城市3 d送达），旅客联程运输便捷顺畅，货物多式联运高效经济；智能、平安、绿色、共享交通发展水平明显提高，城市交通拥堵基本缓解，无障碍出行服务体系基本完善；交通科技创新体系基本建成，交通关键装备先进安全，人才队伍精良，市场环境优良；基本实现交通治理体系和治理能力现代化；交通国际竞争力和影响力显著提升。

到21世纪中叶，全面建成人民满意、保障有力、世界前列的交通强国。基础设施规模质量、技术装备、科技创新能力、智能化与绿色化水平位居世界前列，交通安全水平、治理能力、文明程度、国际竞争力及影响力达到国际先进水平，全面服务和保障社会主义现代化强国建设，人民享有美好交通服务。

3. 分析总结

交通运输创新创业实践案例，对于当今大学生来说具有一定的启示与教育意义。在科技强国、交通强国战略的大背景下，如何将自己所学知识加以应用，将个人前途与国家发展、民族振兴相结合，需要当代大学生进行思考并牢牢掌握机遇。

5

物流方案设计

教学内容和思政融合设计

序号	教学内容	思政映射与融入点	编者
1	知识点：市场调查的概念、作用与方法	案例1：认识市场调查——没有调查就没有发言权	方晓平
2	知识点：物流快递企业实地调查	案例2：物流快递企业实地调查——实践出真知	郑国华
3	知识点：物流企业改革案例分析	案例3：广州港的"散改集"——学思致用、勇于创新	方晓平

案例1 认识市场调查
——没有调查就没有发言权

【课程名称】物流方案设计。

【教学内容】市场调查的概念、作用与方法。

【案例意义】毛泽东说过："没有调查就没有发言权，也没有决策权。"习近平总书记强调："调查研究是谋事之基、成事之道。"通过案例阐述市场调查的概念、作用与方法，让学生牢固树立"没有调查就没有发言权"的科学态度，坚持实事求是，坚持从实际出发。

教学过程

1. 问题导入

说到调查，同学们是不是以为就是发一张调查问卷，请人填表呢？其实，问卷调查只是调查的一个环节、一种形式。无论干什么工作，调查都是要先行一步的。调查是决策与计划的基础。调查是一门科学。市场调查是指用科学的方法，有目的、系统地搜集、记录、整理和分析市场情况，了解市场的现状及其发展趋势，为企业的决策者进行市场预测、做出经营决策、制订计划提供客观、正确的依据。

2. 讲授正文

通过讲述毛泽东同志对调查的论述和实践故事来认识调查的作用和方法。

毛泽东一生对调查研究极其重视，认为"没有调查就没有发言权"。他不仅把调查研究看作一切工作的基础，而且把调查研究当作各级干部必须练就的基本功。毛泽东本人就是调查研究的行家和高手。他在极其繁重的革命和建设工作中，亲自做过无数次深入细致的调查。仅在20世纪20—30年代的土地革命时期，他就在农村专门做过十几个系统的调查，主要有《中国佃农生活举例》(1926年)、《湖南农民运动考察报告》(1927年)、《中国的红色政权为什么能够存在?》(1928年)、《关于纠正党内的错误思想》(1929年)、《寻乌调查》(1930年)、《兴国调查》(1930年)、《东塘等处调查》(1930年)、《木口村调查》(1930年)、《长冈乡调查》(1933年)、《才溪乡调查》(1933年)。

讨论题：

你如何理解毛泽东同志所说的"没有调查就没有发言权"？

毛泽东同志采用了哪几种调查方法？

毛泽东同志的调查方式与经历，对你进行市场调查有什么启示？

3. 分析总结

毛泽东主席每一次调查都认真准备，找到最了解情况的调查对象，以平等的态度，拉家常的方式进行深度访谈，获得了最真实的情况。每一次调查无不是为了当时中国革命紧迫的政治、经济问题，每次都为正确的决策提供支持。这些调查方法都是我们进行市场调查时需要用到的。

总结而言，市场调查分为定性调查和定量调查。对于不常见的非结构性问题，要采取开放式的深度访谈，进行定性调查、执行分析，找到决定事物的本质因素。而对于半结构性和结构性问题，就可以设计封闭式问卷，进行大规模问卷调查，进行量化分析。不管用什么调查方法，我们都要牢记"没有调查就没有发言权"，调查要坚持实事求是，坚持从实际出发。

案例2 物流快递企业实地调查
——实践出真知

【课程名称】物流方案设计。

【教学内容】物流快递企业实地调查。

【案例意义】开展社会调查实践，有利于培养学习意识，增强社会责任感，有利于提高实践动手能力，提高观察能力、分析能力、决策能力等。通过物流快递企业实地调查，让学生认识到不但要学好基本理论知识，而且还要学会深入社会，深入实践，培养脚踏实地、实事求是的优良作风。

教学过程

1. 问题导入

怎么样来对物流快递企业进行实地调查呢？需要我们脚踏实地和亲力亲为去实践。

2. 讲授正文

（1）常用社会调查方法介绍

常用社会调查方法：问卷调查法、文献调查法、实地观察法、访问调查法、集体访谈法、蹲点调查法等。

①问卷调查法：运用统一的问卷向调查者了解情况或征询意见，是标准化的、书面的、抽样的，分为自填式问卷和代填式问卷。

②文献调查法：搜集各种文献资料，摘取有用信息的方法。

③实地观察法：调查者根据调查目的，运用自己的感觉器官或借助科学观察工具，有计划地对处于自然状态下的社会现象进行直接感知的方法。

④访问调查法：访问者通过口头交谈等方式直接向被访问者了解社会情况或探讨社会问题的调查方法。

⑤集体访谈法：调查者邀请若干调查者，通过集体座谈方式了解社会情况或研究社会问题的调查方法。

⑥蹲点调查法：调查者深入一个或几个基层单位持续一段较长时间，通过全面、深入调查研究，认识调查对象本质及其发展规律、探索解决社会问题途径的方法

（2）物流快递企业实地调查实践内容

对主要（大型）快递物流服务企业运营状况进行实地调查分析，并为相关调研物流快递企业设计物流解决方案。

具体要求：

①熟悉和掌握社会调查的方法、步骤。

②通过对相关快递物流服务企业的调研，掌握快递物流企业的发展状况；了解快递物流企业的运作流程、运营状况，分析企业发展中存在的不足。

③提出建议的物流方案。

3. 分析总结

通过布置社会调查实践内容，要求参与社会调查，让学生既了解掌握社会调查的方法，又通过参与社会调查，在实地调查过程中感悟实事求是、一切从实际出发、理论联系实际的认识路线，深刻感受"实践出真知"的内涵。

案例 3 广州港的"散改集"
——学思致用、勇于创新

【课程名称】物流方案设计。

【教学内容】物流企业改革案例分析——广州港的"散改集"。

【案例意义】通过本次物流企业实地调查实践及案例学习，让学生了解我国交通运输企业为实现国家"蓝天保卫战""双碳"目标和提供高质量服务而做出的供给侧改革实践，注重学思致用，培养了解国情和行业发展实情、勇于创新的改革精神。

教学过程

1. 问题导入

2020 年，广州港物流公司精准发力粮食"散改集"业务，实现粮食"散改集"铁路发运量大幅度增长。2020 年 1—11 月，广州港粮食"散改集"铁路发运量突破 10 万吨，同比增长16%，创历史新高。

新沙港区"散改集"项目落成，标志着粮食大流量装箱设备的海铁联运和"散改集"工艺流程日趋成熟，实现了"集装箱+粮食"物流服务的优势。对货物运输来说，大宗物资运输是重头戏，抓好大宗物资"散改集"海铁联运，就牵住了货运增量降本降碳的"牛鼻子"，优化了运输结构。广州港是如何做到的呢？

2. 讲授正文

位于珠江入海口和珠江三角洲地区中心地带的广州港是一个拥有 2000 多年悠久历史的港口，是我国古代海上丝绸之路的起点之一，2021 年度港口货物吞吐量世界排名第五。广州港主要从事石油、煤炭、粮食、化肥、钢材、矿石、集装箱等货物装卸和仓储、货物保税业务以及国内外货物代理和船舶代理；中国国内外船舶进出港引航、水路货物和旅客运输、物流服务。

2018 年国务院办公厅印发的《推进运输结构调整三年行动计划（2018—2020 年）》，为打赢"蓝天保卫战"吹响了"总攻"的号角。2019 年中共中央、国务院印发了交通强国建设纲要。在立足交通强国建设这一背景下，铁路部门紧抓发展机遇实现"公转铁"，积极推进大宗货物海铁联运和"散改集"铁路运输，不断加大货运服务改革力度，充分发挥自身环保、高效、降低成本、便捷等优点，为助力打赢"蓝天保卫战"发挥重要作用。

所谓海铁联运和"散改集"，就是将粮食、煤炭、矿石等散装在铁路敞车上的大宗货物，在出厂时就装入集装箱，封闭起来进行运输。在这个过程中，铁路与同行业间形成对接，搭建起铁水联运、空铁联运、陆空联运等类型运输通道，协调运作，充分发挥铁路的"绿色优势"，也保证货物的安全顺利送达。

为何要海铁联运和"散改集"？多式联运从成本、质量、效率、安全、可靠的角度来看，可能比单一运输更有利，并且能更好地适应地理、环境和能源效率方面的要求。它通过组合多种运输方式以实现高效的运输服务模式，我国多式联运货运量占全社会货运量的市场份额每提高1%，就可以降低货物运输总成本0.8个百分点。货物散运改为集装箱运输、公路运输改为铁路运输，更加有利于保护环境，让天更蓝、水更绿，是未来货运改革的主要方向。因此，调整运输结构，推动海铁联运和"散改集"运输方式，对打赢"蓝天保卫战"的作用不可小觑。

自2016年5月开始，绍兴港、广州港等港口企业纷纷开始发展电煤、粮食、矿砂等大宗散货的海铁联运和"散改集"运输，有效地降低了货损、扬尘和成本，实现了经济效益和社会环保效益双重提升。

"散改集"建立了集装箱运输的新方式，实现了货物运输"高质量、低损耗"。未来'散改集'的趋势一定是更加快速发展。铁路运量将逐渐增大，货物运输装箱比例会继续提高。低污染的集装箱海铁联运是绿色、环保、高效、低成本的运输方式，对促进城市经济、保护城市环境、提升城市品质都具有十分重要的意义。

思考：

①在开展"散改集"海铁联运的过程中，需要各运营主体协同组织，实际运作中会出现哪些脱节问题？

②大宗物资包含煤炭、矿石、粮食等多品种物资，不同物资使用集装箱运输有何优缺点？

③思考"散改集"运输模式产生、发展的主要原因。

3. 分析总结

绿色经济发展，一般认为是要付出代价的，但实际情况是不一定，只要更好地谋划，寻找机会，制订与国家战略和政策相匹配的企业战略，同样充满着机会。企业要通过充分的调查研究去了解国情和国家发展战略，通过善于创新和勇于创新去突破困局。同学们不管是在现在的学习研究还是今后的工作中，都应该了解国情和国家需求，做到学思致用、勇于创新。

6

物流项目管理

教学内容和思政融合设计

序号	教学内容	思政映射与融入点	编者
1	知识点：物流项目管理导论	案例1：物流项目管理导论——强国自信	李双琳 伍国华
2	知识点：项目的经济评价	案例2：项目的经济评价——底线思维	李双琳 伍国华
3	知识点：项目的进度管理	案例3：项目的进度管理——守时惜时	李双琳 伍国华
4	知识点：项目的风险管理	案例4：项目的风险管理——风险意识	李双琳 伍国华

案例1 物流项目管理导论
——强国自信

【课程名称】物流项目管理。

【教学内容】物流项目管理导论。

【案例意义】通过对我国伟大工程(如京杭大运河、三峡工程、西气东输工程、青藏铁路及南水北调工程等)建设中涉及的物流问题进行讲解分析，学习其建设过程中的物流项目管理思想以及社会主义制度优越性的体现，汲取管理智慧，树立强国自信。

教学过程

1. 问题导入

从两山之间拔地而起的三峡大坝，全长 3335 m，高达 185 m，主体部分由大量混凝土浇筑而成,建筑物施工总工程量:建筑物基础土石方开挖 10283 万 m³,混凝土基础 2794 万 m³,土石方填筑 3198 万 m³,金属结构安装 25.65 万 t,水电站机电设备安装 34 台套、2250 万 kW。那么你知道在如此蔚为壮观的工程中,人们是如何将大量混凝土在规定时间内快速运往低洼河道,完成浇筑的吗?

2. 讲授正文

首先通过播放三峡工程立项论证过程纪录片,让学生们了解三峡工程立项的两次搁浅以及第三次立项成功的历史背景和时代特点,讲述三峡工程第三次立项获批的背后故事和制度特点,并通过对建设条件、建设要求、现场环境进行分析,阐明在短时间内完成上述巨大工程量的难度,一方面充分体现社会主义制度的优越性,另一方面讲述物流项目管理在大工程建设中的重要性,激发学生学习兴趣和动力,引出"重大工程现场资源供应的协调与优化"研究主题,将学生所学理论知识与现实工程背景进行连接。

接下来继续提问:在我们学习到的物流工程与管理相关理论基础上,要实现超大工程现场资源的供应,需要开展哪些工作?和学生一起分析为了完成三峡工程混凝土浇筑任务,在规定时间内将搅拌的混凝土送到需要位置的整个过程。对三峡工程所需主要原材料(水泥/粉煤灰)绘制整体工作流程图(费奇等,2011),并在此基础上,结合所学物流工程与管理相关理论知识,总结分析超大工程项目可能的现场资源供应物流项目方案,并针对该方案,结合超大工程项目整体建设计划、进度、成本、风险、质量等管理过程,开展超大工程现场资源物流项目管理活动的讲解,让学生体会到物流项目管理的重要性和意义。

此外,针对混凝土浇筑时间上的严格要求,为保证搅拌机能够在规定的时间内将搅拌好的混凝土送至指定工程位置,我国现场工程师提出采用空中线缆吊起整个搅拌机运送至工程点的"空中行走的搅拌机"方案,得到全世界人民的关注。

请同学们总结分析,超大工程现场资源调度过程中,物流项目管理对于工程建设的作用以及如何结合物流工程与管理所学专业知识开展现场资源调度方案设计,具体内容包括物资采购、物流系统规划、物流网络设计、物流设施规划与设计、运输路径规划、库存控制等,并思考如何结合工程项目计划、进度、成本、质量、风险实施物流项目计划、进度、成本、质量及风险的管理。

3. 分析总结

本案例通过对三峡工程立项论证历史过程进行回顾和分析,讲述第一次与第二次立项论证夭折的时代局限性以及第三次立项论证通过的历史背景,充分体现社会主义制度的优越性。此外,通过对三峡工程现场资源(水泥/粉煤灰)供应调度进行分析,讲述其在工程建设中的作用,激发学生学习物流项目管理的兴趣和动力,并通过展现具体运输过程中,采用自主设计的"空中行走的搅拌机"物资供应方案,体现中国人民的智慧和敢想敢做的品质,树立强国有我的自信。

案例2 物流项目的经济评价
——底线思维

【课程名称】物流项目管理。

【教学内容】物流项目的经济评价。

【案例意义】通过进一步讲述三峡工程三次立项论证过程，结合物流项目的经济评价理论知识，讲述物流项目在立项论证过程中需要把握社会经济评价优先，坚持对社会经济发展有利的底线原则，提升学生为社会经济做贡献的意识。

教学过程

1. 问题导入

介绍我国伟大工程（如京杭大运河、三峡工程、西气东输工程、青藏铁路及南水北调工程等）立项论证过程，并针对我国、我省以及企业建立物流中心的规划方案评价，提问我国、我省以及企业建设物流项目的首要原则或者标准是什么？

2. 讲授正文

首先，介绍项目经济评价的意义是什么，为什么要进行项目经济评价。项目经济评价是为了协调宏观规划和项目规划、优化配置资源、提高投资决策水平和效益等，从整个社会的角度，避免物流项目的乱建、滥建，从而减少资源的浪费，形成整体观、大局观思维和视野。物流项目经济评价不仅仅局限于财务经济评价，而是从财务经济评价、国民经济评价、社会评价三个层面，并对三个层面的评价内容等进行比较分析，给出三个层面评价标准的差异性分析。

接下来继续提问：当国民经济评价和财务评价存在冲突的时候，该如何进行处理？评价应该优先考虑哪些标准？通过引导学生讨论在物流项目立项评价环节应该采取的评价方法、指标、范围等内容，给出相应评价标准：①对国计民生影响重大，涉及国民经济许多部门的重大工业、交通或基础设施的物流项目，应该先进行国民经济、社会经济评价，然后财务经济评价；②对投资规模小、产出效益简单的项目，可以只做财务评价，不必进行国民经济评价和社会评价。而对于具有较大影响，波及国民经济许多部门的重大工业、交通或基础设施的物流项目，对评价结果的处理也显得尤为重要。这里给学生指出对应结果处理的标准就是社会经济评价永远高于财务评价这一底线要求，即但凡对社会经济产生负面影响，无论财务评价会产生多么积极的效应都应该被认定为不可行，而如果具有较好的社会经济效益，虽然存在一定的财务评价风险，但可根据实际情况进行讨论，确定物流项目是否可行。

请学生总结，物流项目的经济评价按照层次可以分为财务经济评价、国民经济评价和社会经济评价，按照标准，不同的评价层面有不同的评价标准，但是对于评价结果的处理却是统一的标准，对于影响重大的，涉及国民经济多部门的物流项目，其评价标准是不管财务经济评价的可行性，只要社会经济评价是不可行，那么物流项目就是不可行的；而如果规模小，影响小，则可以通过财务评价指标对物流项目进行评价，确定物流项目的立项与否。

3. 分析总结

本案例是通过对大工程案例立项背景进行介绍，结合物流项目立项过程的项目评价环节需求，将评价分为财务评价、国民经济评价和社会经济评价三个层面，并提出社会经济评价可行性是判断物流项目可行性的基本标准，即底线，使学生在做事情之前，一方面形成多层面、多角度分析问题的思维方式，提升学生的整体观、大局观意识；另一方面形成底线思维，以不做对社会有害的事情为底线，严格要求自己的一言一行，为社会主义建设多做贡献。

案例 3　物流项目的进度管理
——守时惜时

【**课程名称**】物流项目管理。

【**教学内容**】物流项目的进度管理。

【**案例意义**】通过对项目进度管理对项目建设的影响进行分析，培养学生按计划、按进度完成分派的任务，确保整体任务顺利进行的思想观念，并通过强调时间、进度在项目建设中的重要性，使学生能够珍惜时间，每天按照学习计划进行学习，不要浑浑噩噩、碌碌无为。

教学过程

1. 问题导入

通过介绍在工期制定过程中存在的两个法则——①帕金森法则，工作总是要拖到规定的时间才能完成；②哥德拉特原则，项目会积累延期，却不会积累提前的时间——让学生结合自身学习过程中参与的各种项目或者课题，谈谈自身是否有这些感受，并分析可能存在的原因，进行自我审省。

2. 讲授正文

首先介绍什么是项目进度管理，其与项目质量、项目成本之间的关系是什么，并从三者之间的辩证关系来阐述，如何对这三个核心要素进行协调和平衡，并在此基础上，通过网络关键技术法，展示项目延期所产生的项目变动成本，强调学生要守时，树立正确的时间观念。

接下来继续提问：如何在确保项目质量的前提下，以较低的项目成本按时完成项目？通过头脑风暴和问卷调查的形式，开启可能影响进度的因素的收集和分析工作，了解学生认为导致进度延期的主要因素是什么，并采用鱼骨图的形式将学生提到的各种可能的因素按照"人、机、料、法、环、资"六个要素进行分类归纳，如人员的安排数量、工作的积极性，机器的自动化程度和款式，原材料的供应与质量问题，项目实施工艺的先进性和是否采用信息化手段，项目所在地的天气较差、容易受自然灾害的影响以及项目资金常常难以准时到位等因素，并将这些因素与项目进度管理进行关联，从而使学生从整体上把握影响项目进度的因素。

通过头脑风暴和鱼骨图的综合分析，请学生来总结影响项目进度的因素有哪些，并结合自身参与各类型项目的实际情况，讲述在即将参与的下一个项目中，会如何确保项目的顺利开展？并从人的主观能动性视角切入，提出降低其他因素对项目进度的影响程度，尽可能确保项目进度的可能方法。此外，让学生进一步将人员影响因素分为人的客观因素和主观因素，并针对人的主观因素，提出可以改进的意见、建议或者方向，达到自我审省的目的。

3.分析总结

本案例通过网络关键技术法分析项目进度对整个项目的影响，并在此基础上，针对关键路径上的关键环节，采用翻转课堂的教学方法，以头脑风暴的形式，让学生结合自身参与项目的实际体会，深思所参与项目延期的可能影响因素，采用鱼骨图的方法将学生所讲述的影响因素进行归纳总结，从而系统性地将项目进度影响因素进行呈现，并就人的主观因素，提出自身的改进意见，一方面提升学生分析问题、归纳问题的能力，形成系统的分析框架；另一方面通过改进意见的提出，增强学生的守时观念，让学生更加珍惜时间。

案例4　物流项目的风险管理
——风险意识

【课程名称】物流项目管理。

【教学内容】物流项目的风险管理。

【案例意义】结合项目进度管理课程中学生对项目进度影响因素的分析，让学生体会到项目实施过程中存在各种类型影响因素，即风险是客观存在的，无法消除，从而使学生提升风险意识，加强风险防范。

教学过程

1.问题导入

随着国际形势的变化，物流项目面临的外部环境存在大量的不确定，而任何带有不确定性且能影响项目结果的因素都可认为是风险源，如对项目目标(如合同、招标文件)理解失误而产生的计划风险；局部工作(任务)的工期被耽搁或所需材料或设备没按时交付产生的工期风险；项目某一阶段的实施成本支出超过了预算的费用风险；现阶段的交付物未达到合同规定的材料和质量标准的质量风险；项目因设备或外部环境条件的变更，达不到预定的能力的成果风险；以及未按合同规定的期限完成项目和实现项目目标的法律风险；等等。那么如何对这些风险源进行识别、分析、评估、应对以及监控？

2.讲授正文

首先介绍物流项目风险管理的基本内涵，讲述实施物流项目风险管理的基本流程或框架。

根据风险管理基本流程或框架，分别讲解物流项目风险识别、风险分析、风险评估、风险应对及风险监控的具体内涵，深刻理解各环节对物流项目风险管理的意义，并针对风险识别环节，给出一套物流项目风险识别的步骤，同时给出物流项目风险识别的常用方法，如头脑风暴法、德尔菲法、专家个人判断法、情景分析法、外推法、流程图分析法、敏感性分析法、工作分解结构法、幕景分析法、问询法和事故树分析法等。

接下来采用翻转课堂教学方法，将物流项目案例资料通过学校可视化教学平台提前下发给学生，学生通过阅读案例资料，形成小组，采用上述所提到的方法对案例中的物流项目风险进行识别，并以小组形式将形成的风险识别结果进行汇报，讲述物流项目风险识别所采用的方法，识别风险的来源和依据，以及识别出来可能存在的风险及其分类。

在所有小组汇报完以后，请学生来总结在进行物流项目风险识别的过程中对于物流项目风险管理的理解，深刻体会物流项目中风险是无处不在的，而且没法完全消除，只能通过对物流项目风险进行分析，通过评估可能产生的后果，提出相应风险应对措施，并对风险进行监控，从而达到物流项目风险管理的目标，使学生深刻认识到物流项目风险管理的重要性，提升风险防范意识。

3. 分析总结

本案例通过对物流项目风险管理基本内涵、流程、方法以及物流风险识别基本步骤等相关理论基础进行讲解，并以案例形式，采用翻转课堂的教学方法，让学生深刻领会物流项目风险产生的原因、来源以及最终导致的后果，一方面提升学生的风险意识；另一方面通过对物流项目风险识别的翻转课堂，让学生了解如何使用理论知识识别出风险，从而能够提前做好风险应对措施，降低风险损失，增强风险防范能力。

运输经济学

教学内容和思政融合设计

序号	教学内容	思政映射与融入点	编者
1	知识点：交通运输生产技术选择	案例1：采用效率最高的生产技术——价值判断、合作创新	毛成辉
2	知识点：交通技术对时空的压缩效应	案例2：交通技术引领时空压缩——扎根专业、工匠精神	毛成辉
3	知识点：运输供给——纵向动卧	案例3：纵向动卧——创新服务、奉献社会	毛成辉
4	知识点：运输产品定价	案例4：高铁票价定价策略——培养独立的思考习惯	毛成辉
5	知识点：运输市场竞争与合作	案例5：南航对武广高铁冲击的响应——创新改革、经世济民	方晓平
6	知识点：运输企业成本控制	案例6：新晃西站"六岗合一"生产改革——责任担当、勇于创新	方晓平
7	知识点：公共交通的准公共产品属性	案例7：扶贫路上那些开往幸福的列车——企业社会责任担当	方晓平
8	知识点：政府规制与产业政策	案例8：产业政策与市场公平竞争——辩证思维	方晓平

案例1 采用效率最高的生产技术
——价值判断、合作创新

【课程名称】运输经济学。

【教学内容】交通运输生产技术选择。

【案例意义】本案例让学生了解现在看不到但是曾经有过的我国主要国产动车组的基本概况，同时理解国家为什么放弃使用国产动车组而从国外引进技术，采取引进—消化—吸收—创新的模式其效率是最高的，培养学生良好的合作意识和创新意识。

教学过程

1. 问题导入

在解决交通运输领域"如何生产"的问题时，为了对付价格竞争和获得最大的利润，生产者的最佳方法是采用效率最高的生产技术，以便把成本降到比竞争者低。那么，在进行动车组的生产决策时，就面临一个严峻的问题——是采取自己生产还是采用引进合作的方式生产，当时的铁道部决定走引进—消化—吸收—创新的道路。

2. 讲授正文

通过向学生介绍我国主要的国产动车组的基本概况，引出一个话题：为什么国产的动车组有二三十种之多，但最后全部放弃了？我国大规模地从4个国家的不同公司引进了动车组技术，通过"引进—消化—吸收—创新"的生产模式，制造出了和谐号动车组，使中国在很短的时间内很快地掌握了成熟的动车组技术。因为在当时看来，通过"引进—消化—吸收—创新"的道路其效率是最高的。当然，那些曾经的国产动车组的存在也不是毫无意义，因为正是由于我们曾经有研发和生产国产动车组的经验基础，才使得我们能够在很短的时间内迅速掌握和谐号动车组的技术，大力推动了我国高铁事业的迅猛发展。

3. 分析总结

通过课程学习，不仅让学生了解现在看不到但是曾经有过的我国主要的国产动车组基本概况，也理解了国家为什么放弃使用国产动车组而从国外引进技术，通过引进—消化—吸收—创新的道路其效率是最高的，能够帮助学生获得更多更全面的认知和进行价值判断，并且培养良好的合作意识和创新意识。

案例2　交通技术引领时空压缩
——扎根专业、工匠精神

【课程名称】运输经济学。

【教学内容】交通技术引领时空压缩。

【案例意义】通过交通技术引领时空压缩方面理论的学习，使学生了解交通行业的最新科技和发展状况，激发学生对交通专业的热爱，引领他们扎根行业、苦练本领、逐步培养工匠精神和意识，为交通强国建设做出新的更大贡献。

教学过程

1. 问题导入

时空压缩是一种因交通运输和通信技术的进步而引起人际交往在时间和空间方面变化的理论。这一理论认为，一定地域范围内人际交往所需的时间和距离，随着交通与通信技术的进步而缩短。空间本是隔离人与事之间关系的因素，两地相距越远，两地人群的关系越淡漠，两地之间的组织越松散。但空间对人、对事的隔离作用，随交通、运输、通信的发展而减小。现代交通运输通信越发展，两地来往越节约时间与费用，由此提高了人际交往的频率与办事效率，密切了人际关系，在一定程度上加强了社区的凝聚力，沟通了社区之间的联系。时空压缩理论突出了交通通信技术与方式对现代社会生活和人际交往的重要作用。

2. 讲授正文

改革开放以来，中国在交通运输技术方面的发展可谓是日新月异，从以前的追赶者逐步成长为领跑者，无论是在航天技术、大飞机制造、无人机技术、造船业还是在高速铁路和高速公路的建设方面，都得到了长足的发展，这些新技术和新产品的层出不穷，不断地缩短了人们出行所耗费的时间，极大地压缩了人们的时空距离。截至2022年末，全国高速铁路营业里程4.2万km，连通了除拉萨以外的所有省会城市，高速公路总里程达到16.12万km，高速铁路和高速公路的总里程都居世界第一。这些密如蛛网的高速公路和高速铁路大大降低了两地来往的时间与费用，推动了地域之间的交流与互动，也极大地推动了地区之间的经济和社会发展。

随着我国交通强国建设的推进，交通运输从业人员队伍将不断壮大，这支队伍是否精良专业、创新奉献，是交通强国建设的关键。交通行业尤其需要吃苦耐劳、执着专注与精益求精的从业者；交通人的职业精神中，尤其需要劳模精神与工匠精神。育大国工匠，铸大国重器，成大国交通，是我们交通人的共同目标。希望同学们从现在开始，就坚定在实现交通强国的生动实践中放飞青春梦想的信念，以刻苦钻研的学习态度和开拓创新的精神状态面对今后的学习、生活、工作，扎根行业、扎根基层，苦练本领、锻造技能，以劳模精神、工匠精神为引领，为交通强国建设做出新的更大贡献。

3. 分析总结

通过让学生进一步了解交通行业的最新科技和发展状况，激发学生对交通专业的热爱，引领他们扎根行业、苦练本领、逐步培养工匠精神和意识，为交通强国建设做出新的更大贡献。

案例 3　纵向动卧
——创新服务、奉献社会

【课程名称】运输经济学。

【教学内容】运输供给创新——纵向动卧。

【案例意义】学生通过对铁路纵向动卧列车的了解，让学生领会到铁路在不断推陈出新地开发新的服务项目，提升学生结合我国的实际情况去分析和解决意识形态方面问题的能力，以更好地服务人民、奉献社会。

教学过程

1. 问题导入

运输供给是指运输生产者在某一时刻，在各种可能的运价水平上，愿意并能够提供的各种运输产品的数量。它有两个必备条件，即生产者有出售商品的愿望和生产者具有生产能力。而国铁集团也在不断推陈出新地开发新的服务项目，以更好地服务人民、奉献社会，其中纵向卧铺动车就是典型代表。

2. 讲授正文

交通运输基础设施和载运工具共同构成了运输生产能力，铁路机车车辆是铁路运输生产能力的重要组成部分，如何更好地为社会和人民提供更加优质的运输服务，就成为国铁集团的首要任务之一。

这趟被网友称为"移动宾馆"的纵向卧铺动车——深圳北至北京西的 D903/904 次，双层车窗、独立单间。该列车包厢设计比照航空商务舱，脚下与旁边铺位头部空间共享，可大幅提高空间利用效率。

由于每个铺位都有独立车窗，从车厢外面看，就好像双层列车一样。铺位与走廊平行，也与列车运行方向平行，为左右对称布局，"纵向卧铺动车组"的名称由此而来。

此外，车厢内还有很多人性化设置。为方便旅客使用电子设备，每个单间设有插座、USB 插口，铺位上方顶灯可以自主控制，还配有阅读灯、书报网、垃圾袋、一次性拖鞋等。

床头靠背还可根据需要调整角度，铺位窗帘边缘装有 4 块吸铁石，能与包厢两侧墙壁严密贴合，旅客可享受独立单间。

列车进一步优化了减振降噪设计，使旅客的睡眠环境更加舒适；下铺设置的行李空间可放置 6 个 17 英寸标准行李箱或 2 个超大行李箱。

纵向卧铺动车组是在既有 CRH2E 卧铺动车组的基础上研制而成，车体高度和整车编组长度都有扩展，车重足足增加了 23 t，就是为了让车厢内的空间更大，让旅客乘坐感更舒适。

这趟新型动车为 16 节编组，8 动 8 拖，最高时速达 250 km。全车除 9 号车厢为卧铺/餐车合造车外，均为卧铺车，总定员 860 人，比普通动卧列车席位增加约 1/3。

该动卧从深圳北站出发，沿途停靠广州南、郑州东、邯郸东、石家庄，终点站为北京西站，夕发朝至。

3. 分析总结

通过纵向动卧的运输供给创新，使学生领会到铁路在不断推陈出新地开发新的服务项目，提升学生结合我国的实际情况去分析和解决意识形态方面问题的能力，以更好地服务人民、奉献社会。

案例 4　高铁票价定价策略
——培养独立的思考习惯

【课程名称】运输经济学。

【教学内容】运输产品定价。

【案例意义】通过了解我国高铁票价定价策略，对比大巴车、出租车等运输方式的票价，理解高铁定价的策略和原则，提升学生结合我国的经济状况、生产能力等方面的实际情况去分析和解决问题的能力。

教学过程

1. 问题导入

很多人认为高铁票价太贵，甚至呼吁将高铁票价大幅度降下来，其实高铁票价的确定是经过认真研究测算并经有关部门审核批准而制定的，不仅是有依据的，而且也并不像很多人说的那样价格很贵。

2. 讲授正文

采取在课堂上不断提问的方式，引导学生不断地深度思考相关问题并尝试取得解决方案。

通过我国高铁票价定价策略，对比大巴车、出租车等运输方式的票价，使学生更深入地理解产品的定价策略以及摒弃一些错误的观点。

高铁票价的定价标准：一等座：G 字头时速 300 km 车，0.74 元/（人·km），D 字头时速 200 km 车，0.37 元/（人·km）。二等座：G 字头时速 300 km 车，约 0.46 元/（人·km），D 字头时速 200 km 车，约 0.3 元/（人·km）。

此外，还有递远递减原则：如果乘车里程非常长，那么随着距离的增加，票价的基价会有所降低。以北京—广州的 G65 次为例，全程都是 300 km/h 的线路：北京西—石家庄，128.5 元，281 km，0.46 元/km；北京西—郑州东，309 元，693 km，0.45 元/km；北京西—武汉，520.5 元，1229 km，0.42 元/km；北京西—长沙南，649 元，1591 km，0.41 元/km；北京西—广州南，862 元，2298 km，0.38 元/km。

3. 分析总结

通过这部分的思政内容植入，不仅让学生掌握我国高铁票价定价策略，对比大巴车、出租车等运输方式的票价，理解高铁定价的策略和原则，使学生了解产品的定价策略，并且摒弃那些认为高铁票价很贵的错误观点。学生纷纷表示这些补充的内容非常好，有助于培养他们独立的思考习惯，发现事情背后的真实情况，能够帮助他们获得更多更全面的认知和价值判断。

案例5　南航对武广高铁冲击的响应
——创新改革、经世济民

【课程名称】运输经济学。

【教学内容】运输市场竞争与合作。

【案例意义】高铁与民航由竞争走向竞合，是运作模式的创新。交通运输效率不仅可以通过投资实现巨大提升，还可以通过运营模式创新，提高交通基础设施运用效率，提升乘客体验感。我国社会主要矛盾已经转化为人民日益增长的美好生活需要和不平衡不充分的发展之间的矛盾，要不断创新交通运输经济模式，更好地满足人民的美好出行需要。本案例旨在传递创新发展、经世济民的企业社会责任与精神。

教学过程

1. 问题导入

武广高铁正式通车运营。2009年12月26日9时，广州开往武汉的第一列火车从广州北站开出。当日，武广高铁正式通车运营，标志着我国步入高速铁路新时代。每小时341 km，是武广高铁客运新干线创下的"世界第一"运营时速。这见证了中国高速铁路技术发展与铁路建设的历史飞跃，也见证了经济崛起与振兴的"中国速度"。然而就在此时，也有人因为武广高铁的运营而焦虑，这就是航空公司。虽然民航的飞行速度远高于高铁，但是机场离市区较远，两端的接驳运输时间、成本明显高于高铁。成本小、准时、方便等优势，使人们预感到竞争的天平将会偏向高铁。

2. 讲授正文

武广高铁客运专线使用世界最先进的无砟轨道，还开发了本线时速350 km高速列车与跨线时速250 km列车共线运行模式。这意味着高速铁路网络形成后，时速250 km的高速列车全部可进入时速350 km的铁路线上跨线运行。跨越湖北、湖南、广东三省的武广客运专线，全长1068.6 km，是世界上一次性建设里程最长、运营速度最快的铁路。

为应对高铁带来的冲击，由中国民航局牵头，国航、东航、上航、南航、海航5家航空公司共同实施的"京沪空中快线"航班正点起飞。京沪之间每天的航班数量合计超过30班。

高铁和空中快线之间由于路线重合，必定存在竞争关系，但两者之间的竞争并不是一场"瑜亮之争"，他们还存在一定的合作关系。

2012年4月12日，东航集团与上海铁路局在上海签署战略合作协议，共同推出"空铁通"联运产品。旅客在购买东航机票的同时，可以一并选择铁路苏州站、无锡站、常州站、宁波东站与上海虹桥站之间的列车，一次购票支付，订好火车票和飞机票。此次推出的"空铁通"航班最大的亮点是实现了东航上海虹桥和浦东两大机场东航航班与高铁的双向衔接联运服务。也就是说，无论是高铁乘客还是航空乘客，都可购买该产品，组合票价低于分别购买的火车票和飞机票的总价。

武广、京沪高铁自开通后，逼停了多个沿线的短途航线。为了应对高铁挑战，航空公司和机场已经开始转变战略,力争与高铁"化敌为友"。目前,国航、南航、春秋、奥凯等多家航空公司已推出了"地空联运"服务。"铁路方面也很有热情,双方合作都为自身带来明显的客流增长。"把高铁和飞机航线进行搭配,对外组合式销售,结果表明客流增长非常明显。

讨论题:

①如何优化旅客运输的多式联运服务流程,增加其对客户的吸引力?

②试分析潜在的多式联运细分市场特征。

3. 分析总结

我国社会主要矛盾已经转化为人民日益增长的美好生活需要和不平衡不充分的发展之间的矛盾。交通运输行业为了更好地满足人民的美好出行需要,通过基础建设,高速铁路提高了出行服务质量,而且进一步地,高铁与民航多式联运服务,能够实现枢纽零距离换乘和便利乘客出行。企业应该承担起创新发展和经世济民的社会责任。

案例6 新晃西站"六岗合一"生产改革
——责任担当、勇于创新

【课程名称】运输经济学。

【教学内容】运输企业成本控制。

【案例意义】企业通过持续改进与流程再造等多种方式,达到降低成本、增加效益的目的,其重要性怎么强调都不为过。我国高速铁路网已建成,但是高铁运营成本控制是个重要的难题。对于很多日均客流量不大的小车站,如何提高劳动效率、降低成本,新晃西站劳动改革提供了创新案例。本案例强调生产降本增效既是责任担当,也需要勇于创新。

教学过程

1. 问题导入

我国高速铁路快速发展,高铁车站总数在2019年时就已经达到505个。这其中有大量日客流量低于1000人次的小站。小站服务流程如何设计,关系到企业成本控制与员工技能结构的根本问题。在新晃西站推行的"六岗合一"劳动组织优化改革试点,车站客运岗位职工由原来的28人减至21人,节余7人,减员率为25%,劳动效率由2.56次/人日增加至3.27次/人日。

2. 讲授正文

2022年3月4日,长沙南站管理下的高铁新晃西站候车大厅的综合服务台前,某客运员回答完一名旅客的咨询后,立即引导另一名旅客刷身份证进站。一位没有赶上车的旅客来到服务台,提出改签车票,该客运员瞬间变身为售票员,麻利地进行处理。

新晃西站位于湖南省怀化市新晃侗族自治县,是沪昆高铁湖南省境内最偏远的一个客运站,属于长沙南站管辖的一个班组中间站,日均开行列车21趟,日均发送旅客约500人。车站"麻雀虽小,五脏俱全",岗位配置齐全,劳动负荷不饱和。

长沙南站为了提高车站客运服务质量,提升劳动效率,于2021年12月20日成立提质工作小组。车站领导班子通过多次研究讨论改革方案，决定以新晃西站为试点，推行"六岗合一"劳动组织优化改革。

所谓"六岗合一"是通过改造设备、优化进出站流线，将服务台、售票、实名制验证、进站检票、出站检票、到补这 6 个岗位合并为一个。客运员多岗位协作，以此来优化岗位人员配置，提升旅客出行体验，从而达到提高企业劳动效率，增加企业生产效益的目的。推行"六岗合一"后，不仅降低了成本，还改善了服务。

"在推行'六岗合一'改革前，每次碰到晚点，旅客咨询比较多，闸机口客运员压力大。售票窗口设在检票口处，旅客有问题就直接在这里办理解决，现场秩序会好很多。客运作业全部集中在候车室，遇到突发情况，管理人员比较好掌控全局，做好现场组织工作。"

讨论题：

高铁小站是不是在设计的时候就要考虑这个问题？

这种改革可能会遇到来自员工的阻力，因为以前只需要掌握一个岗位的技能就可以，改革后需要掌握多达 6 个岗位的技能，还需要在不同岗位中自由切换。如何减小员工的阻力？

3. 分析总结

成本控制是保证成本在预算估计范围内的工作。根据估算对实际成本进行监测，标记实际或潜在偏差，进行预测准备并给出保持成本与目标相符的措施。主要包括：①监督成本执行情况，及时发现实际成本与计划的偏离；②将一些合理改变包括在基准成本中；③防止不正确、不合理、未经许可的改变包括在基准成本中；④把合理改变通知项目涉及方。在成本控制时，还必须和其范围控制、进度控制、质量控制等相结合。

降低成本的方法很多，对质量管理进行持续改进，提高质量的同时也能降低成本。流程再造则能大幅度优化成本。

成本控制是运输企业的重要工作。高铁小站实施一体化服务，可提升劳动效率，创新客运管理理念和思路，又可提升服务工作质量，将降本增效落到实处。

案例 7　扶贫路上那些开往幸福的列车
——企业社会责任担当

【课程名称】运输经济学。

【教学内容】公共交通的准公共产品属性。

【案例意义】交通运输是社会的基础设施，公共交通服务具有准公共性。中国国家铁路集团有限公司既是国有企业，又是基础服务部门，更有义务承担社会责任，充分发挥交通运输行业优势，为社会扶贫做出贡献，这与企业宗旨不冲突。

教学过程

1. 问题导入

2020 年 1 月 7 日，在赴张家口参加 2020 年新闻战线"新春走基层"活动启动仪式的高铁上，中国国家铁路集团有限公司(以下简称国铁集团)发展和改革部专员、扶贫办专职副主任韩树青声情并茂地给记者讲了一个又一个铁路扶贫的小故事。

2. 讲授正文

5633/34 次列车是穿行在大小凉山的成昆铁路线上的慢火车。车上的旅客 95％以上为彝族旅客。这趟火车是当地彝族老乡出行的重要交通工具。彝族群众通过此趟列车探亲访友、赶集务工,有的背着背篓到县城市集贩卖自家种的农产品,有的赶着猪、羊等大型家畜上车贩卖,还有学生往返于家校。

"猪、羊都上车,列车员不嫌脏吗?"有人小声嘀咕了一句。韩树青没有被打断,他又讲了一个列车长的故事。今年 44 岁的阿西阿呷,出生、成长在铁路旁,是 5634/34 次慢火车的彝族列车长。她已在慢火车上坚守了 23 年。人和牲口同车,她早已习惯。列车如同一座流动的村庄。阿西阿呷就像一位走家串户的村干部,坚守着"以慢为快,服务乡亲"的初心。她是彝族群众眼里最美的索玛花。阿西阿呷说,无论时代进程多快、高铁速度多快,她的生命都已经与慢车融为一体,因为慢火车已经成了彝族群众实现求学、致富的希望和梦想。

吕梁山腹地的蔡家崖村曾是晋绥边区首府所在地,以前这里不通铁路,一到冬天,遇上降雨、大雾天,所有公路就封闭了,老百姓出行困难重重。2018 年,"蔡家崖"号列车的开通不仅改变了当地"看天出门"的老习惯,而且推动了老区农特产品走出吕梁山,走向了全国各地。许多老区人民实现了发家致富的梦想。在他们的眼中,"蔡家崖"号列车是一趟载着他们驶向幸福生活的列车。

国铁集团以铁路客货运输为主业,实行多元化经营。其运输产品涵盖客货运输几乎全系列,可以运输白货和黑货,可承担常温与恒温运输,还可以承运危险品和超限超重品等特种运输;运达范围通过路网站点已遍布全国,通过专用线、无轨站和外协服务,有极大比例的承运量可实现门到门,在中俄、中老、中越等相邻国家之间开行国际货运列车,通过中欧班列还可以到达欧洲。旅客运输产品更加丰富,从高速铁路到普速铁路,开出了 G、D、Z、T、K 等系列产品线,可覆盖全国。国铁集团是国有企业,既有企业的属性,也有公益责任。为了满足人民追求更美好生活的需求,旅客运输产品中,既有消费体验堪比航空的高铁,也有面向旅游市场的旅游专列,还有运行于经济落后地带特别是山区的扶贫列车。20 世纪 90 年代铁路大提速后,速度较慢的绿皮车逐渐减少,主要分布在经济落后地带特别是山区,因此被称为"扶贫列车"。扶贫列车没有卧铺、见站就停、速度慢。其中绝对扶贫列车(特称公益扶贫列车、公益慢火车)指长期执行 1995 年普速客车票价标准的列车。截至 2021 年 2 月,国铁集团仍保留着 81 对扶贫列车。扶贫列车的票价远低于运行成本,是为了支持国家"精准扶贫"计划而保留的。

思考题:

①作为一个企业,国铁集团开行亏损的"扶贫列车",这违背了企业的宗旨吗?为什么?

②你如何看待企业承担社会责任和铁路运输行业准公共性?

3. 分析总结

企业社会责任,是指企业在创造利润、对股东和员工承担法律责任的同时,还要承担对消费者、社区和环境的责任,企业的社会责任要求企业必须超越把利润作为唯一目标的传统理念,强调要在生产过程中对人的价值的关注,强调对环境、消费者、对社会的贡献。

交通运输是社会的基础设施,公共交通服务具有准公共性。中国国家铁路集团有限公司既是国有企业,又是基础服务部门,更有义务承担社会责任,充分发挥交通运输行业优势,为社会扶贫做出贡献。这与企业宗旨不冲突。

案例8 产业政策与市场公平竞争
——辩证思维

【课程名称】运输经济学。

【教学内容】政府规制与产业政策。

【案例意义】政府干预交通运输的理由是,交通运输业,特别是铁路运输,是少数比较市场集中的行业,是可以被中央政府作为宏观调控手段的行业。因此,在货运价格方面的干预是为了这个目的。至于对客运价格的干预,是为了最大程度上服务广大百姓,提供更加普遍的、可接受的服务,以保障社会的公平公正。通过引入"猎人与猎狗的故事",培养学生的辩证思维。

教学过程

1.问题导入

"猎人与猎狗的故事"是一个经典的管理学寓言故事,说的是一个猎人养了一群猎狗,为他打猎。猎人与猎狗分别代表企业主与雇员,他们之间几轮博弈,再加上外来资本的介入,导致市场垄断的局面。问题是:市场一家独大,政府要不要管(干预)?如果要管,应该怎么管?

答案是:如果这个行业的产品是奢侈品,那就随他去吧,比如钻石首饰业;如果这是民众必需品,那政府就得管。怎么管呢?事情还得从市场失灵、政府管制说起。

2.讲授正文

首先我们来看看,什么是政府管制。政府为达到一定的目的,凭借其法定的权力对社会经济主体的经济活动施加某种限制和约束,其宗旨是为市场运行及企业行为建立相应的规则,以弥补市场失灵,确保微观经济的有序运行,实现社会福利的最大化。管制是政府的微观经济管理职能,它与旨在保证经济稳定与增长的宏观经济调控一起构成政府干预经济的两种主要方式。

市场失灵是指通过市场配置资源不能实现资源的最优配置。一般认为,导致市场失灵的原因包括垄断、外部性、公共物品和不完全信息等因素。

交通运输业具有显著的外部性,又具有自然垄断性。所以世界上很多国家都对交通运输业进行不同程度的管制。

政府管制是指政府行政机构依据法律授权,通过制定规章、设定许可、监督检查、行政处罚和行政裁决等行政处理行为,对构成特定社会的个人和构成特定经济的经济主体的活动进行限制和控制的行为。

政府管制的一个根本特征,就是依法管制,也即通常所说的依法行政。但这里的"法"必须是合理的法,是所有利益相关集团都接受的法。否则依法行政或依法管制就成为少数强势利益集团侵害弱势利益集团的"合法"工具。

交通运输业由于其生产具有规模经济效应,达到一定规模后,生产过程中边际成本为零或趋向于零,因此具有自然垄断属性。交通运输业还具有准公共品属性。一方面,交通运输服务主要用于满足私人需求,因此可通过价格机制实现排他,且排他成本较低;另一方面,消费不具有竞争性,至少在达到拥挤之前。

政府干预产业的方式有多种,主要有:

强制拆分:包括纵向和横向拆分,增加市场竞争为以防止自然垄断,比如英国铁路的网运分离。

制定价格上限:对自然垄断进行有限管制。我国的民航客运价格、我国的铁路货运价格都是政府规定价格上限,企业可以在一定规则下进行下浮。

特许经营:防止过度竞争带来社会损失。

政府公营:我国铁路、大型港口、城市地铁都以国家或地方政府公有公营为主。

讨论题:

①自由派说,政府根本不应该干涉,让市场的归市场,政府的归政府。你对此有何看法?

②凡是那些在政府限定价格下,靠本身运输收入无法弥补成本的运输企业(如城市轨道交通运营企业),都需要政府补贴。请问如何激励这些国有企业管理者不断创新以控制成本,提供更好的服务?

3. 分析总结

就像硬币有两面,政府干预是为了解决市场失灵,但是政府本身也会失灵。解决问题的办法是,政府要通过制度设计,尽量避免信息不对称,提高政策的有效度。没有最好的政策,只有最合适的政策。在本专业知识点学习中,通过引入"猎人与猎狗的故事",形象生动地强调了辩证思维的重要性。

8

技术经济学

教学内容和思政融合设计

序号	教学内容	思政映射与融入点	编者
1	知识点：技术创新活动及其要素	案例1：技术经济活动——遵循规律、保护环境	夏伟怀
2	知识点：资金时间价值	案例2：马克思的劳动价值论——劳动的主动性和能动性	夏伟怀
3	知识点：项目财务分析	案例3：多方案经济性比选与方案优化——精益求精和追求卓越的工匠精神	夏伟怀
4	知识点：技术创新路径	案例4：技术创新路径形成的关键因素——敢于质疑、勇于创新	夏伟怀

案例1 技术经济活动
——遵循规律、保护环境

【课程名称】技术经济学。

【教学内容】技术经济活动及其要素。

【案例意义】通过技术经济活动及其要素的讨论与分析，培养学生养成正确的资源配置观和技术发展观，既能最大限度地节约资源，又能满足科学技术发展的需要，培养学生遵守规律、保护环境的意识。

教学过程

1. 问题导入

前面我们从多角度(广义、狭义)解析了什么是技术，什么是经济。技术和经济涉及的关键词有"科学知识""物资手段""改造自然""物质技术"(或称硬技术)和"非物质技术"(或称软技术)等;"国民经济""经济发展""节约""节俭""经济效果"等。很明显,技术是手段、经济是结果,大家思考两者之间的媒介又是什么?(留白,启发学生自由回答,老师做好记录)——技术经济活动。那么什么是技术经济活动呢?

2.讲授正文

技术经济活动就是把科学研究成果和生产实践、经验积累中所形成的有形技术和无形技术有选择地、创造性地、经济地应用在最有效的利用自然资源、人力资源和其他资源的运动系统中,以满足人们需要的过程。技术经济活动不断提高生产效率和服务水平,优化产业结构、经济结构和社会结构,从而推动经济社会发展。

同学们从上述技术经济活动的定义中不难看出:一方面,资源有资源的配置规律,技术有技术发展的规律。这些是首先必须遵循的,违背规律办事是要受到惩罚的(这里学生可以回顾一下历史有关事件)。另一方面,开展技术经济活动的基本条件(要素)有哪些?(留白,启发学生自由回答,老师做好记录)。首先应该明确是谁开展活动(活动主体)、为了什么(活动目标)、在哪干(实施活动的环境)、满足需要的程度(活动后果)。这就是技术经济活动所涉及的四大要素。

四大要素中前面两个比较好理解:活动主体是指垫付活动投入、承担活动风险、享受活动收益的个人或组织,如居民、企业、政府及包括学校、福利基金会等单位在内的其他非营利组织。活动目标都是为了直接或间接地满足人类自身的需要,而且不同的活动主体的目标性质和数量存在着明显的差异。如政府的目标一般是多目标系统,包括国防安全、经济发展、就业充分、社会和谐、环境保护、经济结构的改善、收入分配的公平等。企业的目标以利润为主,包括利润最大化以及市场占有率、应变能力和品牌效应的提高等。

四大要素中后面两大要素同学们应重点关注:实施活动的环境和活动的后果。

技术经济活动常常面临两个彼此相关且至关重要的双重环境,一个是自然环境,另一个是经济环境。自然环境提供技术实践活动的客观物质基础,经济环境显示技术经济活动成果的价值。利用资源改造自然的活动固然必须掌握自然环境中的各种规律,只有这样才能赋予物品使用价值。但是,物品的价值取决于它带给人们的效用(主观价值)。无论技术系统的设计多么精良,如果生产出的产品不受消费者青睐,这样的技术经济活动的效果就会很差。

所谓技术经济活动的后果是指活动实施后对目标产生的影响。根据活动对目标的不同影响,后果可分为有效成果和负面后果。如我国农村扶贫开发战略规划(2011—2020)、乡村振兴战略规划(2018—2022)都十分重视自然环境的保护,强调对一个经济欠发达地区进行开发和建设一定是提高当地人民收入水平,提升老百姓的幸福感,避免造成严重的环境污染等负面后果。说到这里,同学们应该马上想到了习近平总书记的一句经典名言——"绿水青山就是金山银山"。

因此,人类社会的一个基本任务就是要对自身的活动进行有效的规划、组织、协调和控制,以最大限度地提高技术经济活动的有效成果,弱化或消除无用的负面后果。而这正是技术经济学的主要任务。

3.分析总结

通过对"技术"和"经济"概念的回顾,引出技术经济活动的定义,讨论强调开展技术经济活动应遵循资源的配置规律和技术发展规律，增强学生规律意识、按规律办事的行为准则；然后启发学生进一步对技术经济活动定义进行剖析，得出技术经济活动的四大基本要素。最后融入我国农村扶贫开发战略、乡村振兴战略和习近平总书记的富含哲理的名言，重点分析了第三和第四要素，使学生深刻理解技术经济学是一门研究技术经济活动中的资源配置规律和技术发展规律的科学，以及开展技术经济活动时保护资源、保护环境、实现可持续发展的重大意义。

案例 2　马克思的劳动价值论
——劳动的主动性和能动性

【课程名称】技术经济学。

【教学内容】资金时间价值。

【案例意义】深刻领会、全面把握资金时间价值的前提、实质及实现条件，深刻理解马克思主义的劳动价值学说，增强劳动光荣、劳动宝贵、尊崇劳动的观念。

教学过程

1. 问题导入

本章前两节我们重点学习了现金流量，包括它的概念、表述（现金流量图）、分类，项目现金流量特点等。今天我们要学习一个新的内容——资金时间价值。首先，想问问同学们一个"小儿科"问题：昨天的一百元钱一定等于今天的一百元钱吗？

2. 讲授正文

对于上述问题，大家可能认为太"小儿科"了，不值得讨论。有没有同学有不同看法？（留白，启发学生这里有时间因素）。大家知道，时光不能停止，也不能倒流。因此，对于寿命有限的项目而言，时间是一种最宝贵也是最有限的资源。

在技术经济活动中，时间就是金钱。因为经济效益是在一定时间内创造的，创造同样的收入，所花费的时间越少，效益就越好。因此，重视时间因素的研究，对技术经济分析有着重要的意义。

根据经济学的原理，资金的时间价值可以被看成是使用稀缺资源——资金的一种机会成本，是使用货币的一种租金，是占用资金所付的代价；或者是让渡资金使用权所得的报偿，是放弃近期消费所得的补偿，如你的钱存入银行，银行支付给你的利息。

资金时间价值的实质是什么呢？有同学思考过这个问题吗？（留白，启发学生思考）

同学们在之前学习过马克思主义原理课程，对于马克思主义劳动价值学说有所领悟。现在我们就用这一学说来解析资金时间价值的实质。

下面我们以产品的生产过程为例来解析资金的增值过程。

在产品生产前，首先用一笔资金购买厂房、设备、专有技术作为该企业生产资料，同时还需垫支流动资金采购生产所需要的原材料、辅助材料、燃料以及支付劳动对象和招聘工人所需的工资；然后在生产过程中，资金以物化形式出现，劳动者运用生产资料对劳动对象进行加工，生产制作的新产品比原先投入的资金具有更高的价值；最后这些新产品必须在生产后的流通领域（商品市场）作为商品出售给用户，才能转化为具有新增价值的资金，使物化的资金转化为货币形式的资金，从而使生产过程中劳动者创造的资金增值部分得以实现。这样就完成了资金增值过程。资金增值部分按生产要素的贡献进行分配，生产资本得到利润，借贷资本得到利息，土地资本得到地租等。资金在生产过程和流通领域之间如此不断地周转循环，这种循环过程不仅在时间上是连续的，而且在价值上也是不断增值的。因此整个社会生产不仅是价值创造过程，也是资金增值过程。

回到大家认为的"小儿科"问题上来，尽管时间和资金都是非常宝贵且有限的资源，但仅有"时间"和"资金"两个要素还是不能产生"增值"，所以，同学们会发现昨天你们揣在口袋里的100元，今天还是100元。这是因为"时间"和"资金"等要素必须参与"生产、交换、流通和分配等"才会产生增值——这也就是资金时间价值的前提和实现条件。

所以，资金时间价值的实质就是资金作为生产要素，在生产、交换、流通和分配的过程中，随时间的变化而产生增值。

3. 分析总结

通过应用马克思劳动价值论阐述产品在生产过程中的资金增值过程，使学生深刻理解资金时间价值的本源。资金的时间价值的实质和本源是劳动创造的价值，这就是马克思主义劳动价值论的核心。"幸福是奋斗出来的"，要"撸起袖子加油干"。学生要增强热爱劳动、投身劳动的主动性和能动性。

案例3　多方案经济性比选优化
——精益求精和追求卓越的工匠精神

【课程名称】技术经济学。

【教学内容】项目财务分析。

【案例意义】进行方案的比选和优化是项目财务分析的基础工作，是提高项目投资决策质量、增强决策科学性的关键工作。做好这项工作既是专业的要求，更是职业的使命。通过大作业的训练，帮助学生树立钻研奋进的钉子精神、精益求精的品质精神、追求卓越的进取精神等工匠精神。

教学过程

1. 问题导入

项目经济分析是在完成市场调查、技术预测、拟建规模、营销策划、资源优化、技术方案论证、环境保护措施等可行性研究工作的基础上，对拟建项目各方案投入与产出的基础数据进行推测、估算，对拟建项目各方案进行评价和选优的过程。其中，财务分析是可行性研究的核心内容，是投资主体决策的重要依据。其操作性非常强，如何学习和训练才能达成课程目标要求，进而达到或接近执业者（咨询工程师）水平呢？

2. 讲授正文

同学们跟老师一起回顾之前所学习的关于项目经济分析中的财务分析的主要知识点：建设投资估算、营业收入估算、经营成本估算、流动资金估算、建设期利息估算、资产原值估算、折旧及摊销计算、运营期各年利息估算、总成本费用估算、营业税金及附加估算、增值税估算、所得税估算、利润估算等。这些基本知识、基本估算方法大家都学过了，在实际工程项目的经济分析中如何运用？下面我们首先进行案例介绍，然后请同学们亲自动手训练，完成一个项目经济分析的全过程。

【新设法人项目财务分析案例】

项目概况：某高新技术产业化项目，其可行性研究已完成市场需求预测、生产规模、工艺技术方案、建厂条件和厂址方案、环境保护、工厂组织和劳动定员以及项目实施规划诸方面的研究论证和多方案比较。项目财务分析在此基础上进行。项目基准收益率为12%（融资前税前），基准投资回收期为8.3年（融资前税前）。

为了便于课堂讨论，将案例的相关基础数据材料电子版课前发给学生了解预习。

课堂讨论：本项目财务分析分为不融资（方案一）和融资（方案二）两个方案。

方案一：不融资（全部自有资金），从项目投资总获利能力角度，考察项目方案设计的合理性，重在考察项目净现金流的价值是否大于其投资成本，为项目投资决策提供依据，根据融资前的基础数据计算出各项指标。学生一起讨论得到结论：该项目在财务上是可以接受的。

方案二：融资（50%融资+50%自有资金），引导学生编制和查阅各类财务报表（共计7个表格）并计算相关指标，通过指标重在考察资金筹措方案能否满足要求，融资后分析包括项目的权益盈利能力分析、权益偿债能力分析以及财务生存能力分析，进而判断项目方案在融资条件下的合理性。

比较方案一和方案二的各类分析指标，并分别编制指标汇总表，给出该项目财务分析结论：该项目从主要指标上看，财务分析结果均可行，但从权益指标分析来看，方案二明显优于方案一，故选择方案二作为实施方案。

从这个财务分析的案例讨论过程中，同学们认为最难的是什么？最需要严谨、细致、审慎、责任、精益求精等态度和精神的是哪些部分？（留白，学生踊跃发言），课后自行完成投资项目财务分析与评价大作业。

3. 分析总结

通过项目财务分析案例的评价和优化过程，真实体验、感受多方案比选和优化的重要意义，让学生体会到财务报表的编制需要极其认真、耐心、细致、严谨、审慎、负责态度和客观、公正、科学的求实精神；同时让学生从案例的讨论过程中认识到由备选方案少、评价结论单一带来的决策不稳妥、不可靠乃至不科学的问题，从而勉励学生在未来职业中必须精益求精、追求卓越。

案例4　技术创新路径形成的关键因素
——敢于质疑、勇于创新

【课程名称】技术经济学。

【教学内容】技术创新路径。

【案例意义】深刻理解我国"大众创业，万众创新"。创新创业是支撑经济高质量发展的逻辑前提，积极投身"双创"是对国家经济建设、对社会发展的有效贡献，有志于担当社会责任的青年一代应该积极投身"双创"。

教学过程

1．问题导入

之前我们介绍了技术创新路径的基本概念及其特点。技术创新路径是指技术在创新过程中遵循的发展方向和主要动力。它具有连续型、有限性、系统性、排他性和多样性等特点。那么，技术创新路径又是如何形成的呢？

2．讲授正文

一般来说，技术创新路径形成的关键因素主要有五个方面：创新人才因素、科学技术因素、市场需求因素、制度环境因素和企业战略因素。

（1）创新人才因素

技术创新领军人才是技术创新路径形成中最活跃、最先进的要素，这些领军人才的心态和行为，往往有别于常人，甚至有悖于常理。但是正是因为他们不喜欢规矩、不承认现状，使他们别出心裁、另辟蹊径，取得成功。例如，乔布斯的传奇人生源自他的不同凡"想"。而他的不同凡"想"，既表现在他非凡的价值观和管理观上，更表现在他非凡的人才观上。再例如，刘海涛是中国物联网产业的领军人物，他2008年来无锡，先后创立了物联网产业研究院和感知物联集团。到2012年，集团已拥有9家分公司，员工达3000多人，营业收入接近15亿元。在刘海涛的带领下，无锡形成了包括250多家企业、产值超过200亿元的物联网产业集群，中国也成为国际物联网标准主导国之一。同学们肯定知道不少创新人才方面的信息吧？（留白，学生自由讨论）

（2）科学技术因素

科学的根本性进展对技术轨道的形成具有引导性和外生性的助推作用。当代的技术是以微电子技术、计算机技术、信息技术、原子技术、空间技术、生物基因技术、新材料技术等为主干的，这一切技术领域都是20世纪初叶的物理学革命和20世纪中期生物学和遗传学的进步直接导致的结果。技术本身的累积更是确立技术创新路径的决策性因素。

（3）市场需求因素

与价格、成本等因素相关的市场需求等经济因素会影响技术创新路径的演化的速率和方向。例如，20世纪70年代的两次石油危机造成油价暴涨，直接催生了人们对节能型汽车（技术）的需求，汽车制造的技术轨道也逐步向更节能、低耗的方向发展。

（4）制度环境因素

技术创新路径的演化受到社会环境因素的综合影响，制度背景（政策、法规、文化等）的变迁影响技术的动态更新。如果全社会尚未形成真正的创新文化氛围，对"新、奇、特"的思想和事物常持怀疑、否定甚至打击的态度，全社会也是被一味求稳、求全、求成功的理念所主导，结果导致创新精神和冒险精神缺失。

（5）企业战略因素

企业技术创新路径的形成受企业本身因素的影响。企业技术创新战略分为领先型创新战略、跟随型创新战略、模仿型创新战略等，不同的企业战略导向往往会形成不同企业技术创新路径。例如，日本、韩国等国家的企业在半导体技术、汽车发动机技术等领域形成的技术创新路径与大多数欧美企业所走的技术创新路径就存在较大差异。

3. 分析总结

通过对技术创新路径形成的关键因素的分析与讨论，让学生深刻认识习近平总书记指出的综合国力竞争说到底是创新的竞争，要深入实施创新驱动发展战略，推动科技创新、产业创新、企业创新、市场创新、产品创新、业态创新、管理创新等，加快形成以创新为主要引领和支撑的经济体系和发展模式的论述。

9

电 子 商 务

教学内容和思政融合设计

序号	教学内容	思政映射与融入点	编者
1	知识点：电子商务战略	案例1：电子商务战略——理论联系实际	季 彬
2	知识点：电子商务安全技术	案例2：电子商务安全技术——安全意识、诚信理念	季 彬
3	知识点：网络营销	案例3：网络营销——友善之心、合作共赢	季 彬
4	知识点：数据挖掘与客户关系管理	案例4：数据挖掘与客户关系管理——职业道德、社会责任	季 彬

案例1 电子商务战略
——理论联系实际

【课程名称】电子商务。

【教学内容】电子商务战略。

【案例意义】本案例旨在让学生运用实践观、发展观、矛盾观进行电子商务战略决策，培养学生认识自我，辩证看待环境变化的优势和劣势以及理论联系实际的能力。

教学过程

1. 问题导入

介绍电子商务领域的名人故事，播放京东电商平台的介绍视频，引导学生思考视频案例中是否含有战略思想，并引出在电子商务中存在的战略决策问题：是否做电子商务？做什么样的电子商务？以及执行问题：如何做电子商务？

2. 讲授正文

首先带领学生进行电子商务战略决策问题的理论分析。第一是对现代企业的环境理论进行分析，以京东电商平台为案例，让学生对京东电商平台的经济环境、技术环境、社会环境进行简要分析。

仅对环境进行分析是具有局限性的，大环境并不能保证每个企业都能生存，应当有更针对性的理论对企业自身进行剖析，由此向学生提出问题：电子商务是否能有指导特定的企业进行战略决策分析的逻辑演绎方法？引出理论分析之二：竞争理论。由迈克尔·波特的三种基本竞争策略——分别是总成本领先策战略、差异化战略以及目标聚集战略，向学生提问：企业仅仅采用这三种竞争策略能否在市场上长久立足？和学生一起分析这三种基本策略分别存在的潜在风险，并通过邮政企业电子商务战略 SWOT 分析实例引出迈克尔·波特的 SWOT 分析理论、五力模型和价值链。

接下来给出市场资源稀缺性、信息完整性、企业经纪人特征三个角度，让学生思考迈克尔波特的管理思想方法是否有所不足，得出迈克尔·波特所做出的假设不够全面的结论，从而引出另一种超越传统价值链，综合价值链、产业链、人才链、资金链等于一体的动态体系——企业生态理论。通过介绍百度、阿里巴巴等典型成熟的企业生态系统引导学生认识到在制定战略时，不能只着眼于自身，还应从全局考虑，了解所存在的整个生态体系的健康状况，以及自身在系统中扮演的角色。基于生态体系的战略不仅使能使企业得利，而且使所有体系成员共同受益，从而形成生态链上的良性循环，使得企业自身得以持续健康发展。

请学生分析电子商务战略中的理论分析部分对实践部分的指导意义，如何通过实施让电子商务战略理论落地，理论和实际的落脚点在哪里？结合企业生态理论，企业需要实施战略思想，首先要找到在电商生态系统之中的生存法则。在电商生态系统中，生存着的商业单元（制造、研发、物流、金融、营销推广、社交等）彼此之间的依存关系通过交易来达成，而实现交易的方法是让业务数据元在各商业单元间循环传递和流动，在电子商务生态系统之中商业单元彼此之间的数据元传递（也是价值传递，相当于自然界生态系统中的能量传递）都是通过软件进行的。由此可见，软件是构成整个生态系统的基石，是整个电商生态系统中数据传递的最重要载体，并向学生介绍电商生态系统的软件五力组合，具体了解实施电子商务战略要如何以软件为中心开展工作。

最后请学生进行小结：电子商务战略问题需要什么样的理论指导，并如何实施？我们应当如何分析环境？关键在于要学会分析自身在环境中的角色与优劣势，找到自身所处的生态系统，并基于全局考虑该生态系统的利益，形成良性循环。此外，还需要理论与实际相结合，认识到数据和软件决定电子商务生态系统的生存法则，具体地学习电子商务生态系统软件的五力组合。

3. 分析总结

本案例从战略决策与战略执行两方面展开对电子商务战略理论与实践的学习。在战略决策部分，从环境与基础理论入手，系统分析每个理论所存在的局限性与不足，层层递进学习如何识别环境，认识自身，从而引出企业生态理论，学会从更全面的生态系统角度对企业在市场中的处境进行分析。马克思主义的认识论认为，从理论到实际，由实际到理论，再由理论到实际，是一个循环反复的过程。电子商务战略的从理论到实际，就是从战略决策到战略执行。在战略执行部分，分析电商生态系统中各商业单元的相互关系，最终提炼出关键信息：实施电子商务战略实质上是以软件为中心开展工作。

案例 2 电子商务安全技术
——安全意识、诚信理念

【课程名称】电子商务。

【教学内容】电子商务安全技术。

【案例意义】通过介绍电子商务安全技术，树立学生的安全意识与诚信理念，引导学生重视安全问题、抵制不诚信行为，倡导安全观念，提高学生诚信素质。

教学过程

1. 问题导入

介绍电子商务安全的基本概念，在电子商务过程中，买卖双方是通过网络来联系，由于距离的限制，建立交易双方的安全和信任关系相当困难，电子商务交易双方（销售者和消费者）都面临安全威胁。在网络和信息安全问题频发的今天，电子商务领域的安全问题有哪些？（第一问）

2. 讲授正文

首先和学生讨论现实生活中的案例，并从中挖掘、总结电子商务的安全要素。利用真实案例提示学生安全意识的重要性，比如购物网站容易受到不明身份的网络黑客攻击，这些黑客采取多种手段攻击服务器，企图破坏平台的正常运营。同时黑客通过无线网络窃听，获取用户的通信内容、侵犯用户的隐私权，进行信息破坏与信息泄密。除此之外，电子商务中的隐患还包括篡改、身份识别等。安全要素包括有效性与真实性、机密性、数据的完整性、可靠性、不可否认性和可控性。安全意识的培养至关重要，否则不仅会影响个人的财产安全，甚至还会造成人身威胁以及大范围的社会危害。

接下来结合数据的机密性，引出加密技术是将明文经过加密钥匙及加密函数转换，变成无意义密文的技术，提问学生如何解密，即如何将密文还原成明文（第二问），和学生一起分析加密与解密的原理，进一步对比分析单钥技术、双钥技术两种加密技术的优缺点，引导学生提高自我信息安全与保密素养，提升总体国家安全观意识。然而文件进行加密只解决了传送信息的保密问题，却不能防止他人对传输的文件进行破坏，那么为了确定发信人的身份，可以采取什么手段？（第三问）引导学生理解数字签名的原理，坚决抵制假冒、伪造数字签名的不良行为，培养学生敬业、守法、诚信的价值观。在技术层面，介绍数字证书服务，强调安全技术的意义。

请同学们来讨论：考虑到电子交易的过程规范，遵循共同的交易标准，会不会提高交易的安全性？（第四问）安全套接层协议（SSL）常用于客户端、服务器端，而安全电子交易协议（SET）被公认为全球网际网络的标准。结合两种电子商务安全交易标准的原理，与学生讨论、对比分析其优缺点。SSL 协议提供交易中客户与服务器间的双方认证，但在涉及多方的电子交易中，并不能协调各方间的认证服务；SET 解决了客户资料的安全性问题、多方认证问题，保证了网上交易的实时性，但实现过于复杂，较难推广。

3.分析总结

本案例通过第一问引起学生对电子商务安全问题的重视,结合真实案例介绍电子商务安全要素。通过介绍加密技术的加密、解密原理(第二问),强调安全保密意识。针对数字签名确定发信人身份的功能(第三问),引导学生抵制假冒与伪造行为,塑造诚信的价值观。通过讨论电子商务安全交易标准(第四问),树立学生的安全标准规范理念。本案例注重提高学生的电子商务安全应用技能,通过本课程的学习,学生能够树立电子商务运行维护过程中的安全防范意识,建立良好的诚信道德观。结合电子商务安全的反面事例,如信息泄露、网络诈骗等案例材料,以及课程所学的专业知识,对电子商务安全因素及相关技术进行总结分析,提高学生的法律安全意识和诚信道德意识。

案例 3 网络营销
——友善之心、合作共赢

【课程名称】电子商务。

【教学内容】网络营销。

【案例意义】本次课程旨在培养学生的友善之心与合作共赢精神。在营销策划中,友善与竞争之间并不存在矛盾,无论是合作伙伴还是营销客户,电商从业者均需要与之真诚合作、友善相处,才能实现互利共赢、共同发展。

教学过程

1.问题导入

本节课程遵循"案例引入—理论介绍—自由讨论—深度剖析—翻转课堂"的方式,将网络营销理论的教学与所要向学生传达的思政内容进行有机融合,达到"思政教育指导课程体系、课程学习融合思政教育"的目的。导入部分,引入网络营销的成功案例,例如网络主播、知名电商品牌等,对其营销行为、营销效果等进行分析,并引出网络营销的主要内容。

2.讲授正文

向学生提问,在导入部分引入的案例中出现的哪些行为属于网络营销行为,并对其进行总结——通过在线活动建立和维持客户关系,以协调满足企业与客户(供需双方)交换概念、产品和服务的过程。带领学生分析网络营销的特点,其与传统营销的区别在于网络本身的特性和消费者需求的个性化,从而介绍以顾客为中心的4C组合理论,即consumer(顾客)、cost(成本)、convenience(方便)、communication(沟通)。其中网络营销对消费者行为的分析和与顾客的双向交流在网络营销中十分重要,了解网络消费者的需求层次以及网络消费需要的特征,是网络营销必不可少的一部分。

在网络营销过程中,企业与媒体所扮演的角色是密不可分的,其中企业的视角中,大品牌认为自身知名度高、投放广告力度大,所以处于强势地位,可以控制媒体;小品牌知名度小,有求于媒体为自身增加曝光度。而媒体视角同样认为自身握有"话语权"。实际上,媒体传播价值评价,受企业管理水平和领导者的个人偏好影响,二者相互依存,相互制约,所以必须相互尊重，相互妥协。

网络营销依托于网络的特殊性，其营销渠道与传统营销也有所区别。向学生简要介绍几个主要的网络营销渠道，如网络广告、企业网站、搜索引擎、电子邮件等，最后引出较为常见也更为主流的SNS，即社交网络营销渠道，让学生讨论有哪些常见的SNS营销社区。根据学生所提出的社交应用，引出它们的介绍。例如，微博营销具有立体化、高速化、便捷性及广泛性的特点，其内容营销是病毒式传播最便利的工具，基于"对内容的喜欢"上升为"值得一看""值得一读"的评价水平，微博是目前网络媒体中十分具有话语权的意见领袖，可锁定重要的传播内容，引导品牌产品的讨论，使其快速传播。此外，微博实际上是一种免费促销的模式，它给用户提供了一个轻松互动的平台，调动用户参与其中分享自己的产品使用心得或是对企业品牌的评价。

由微博的案例引出学生讨论：建立一个强大、稳定、紧密的媒体关系网络之于电商企业有何益处？首先，与媒体交好，有利于在竞争中进行有利定位，脱颖而出；同时，媒体可以帮助企业树立企业的领导品牌地位；再次，在传媒界塑造良好声誉，能更好地掌握媒体动态，提前知晓言论的影响；最后，在遇到危机时，媒体能够给企业提供预警并及时处理，有效降低负面风险。

接下来，向学生介绍客户关系管理的内容。首先是网络营销对新老客户不同的营销策略，企业通常采用网络营销的方式吸引来新用户，但对于老客户，需要采用客户关系管理，即客户维系策略对老客户进行维系，提高客户的满意度与忠诚度。首先，与客户进行关系培养，要以客户为中心不断发现并实现顾客的价值。其次，从每一个与顾客接触的地方着手，如市场、销售、网络等，培养长期的良好关系。最后，需要收集、分析、利用客户信息，通过实现顾客效用的最大化，获得超额利润。客户关系管理是一种管理理念，核心思想是将企业的客户作为最重要的企业资源；也是一种旨在改善企业和与客户之间关系的新型管理机制。客户关系管理的实施，要求以客户为中心来构架企业的业务流程。这其中，具有友善之心，是与客户建立良好关系的基石。

最后，布置课后作业，要求学生课后对某一品牌的网络营销策略进行分析，总结其网络营销特点并于课堂上进行展示，以巩固学生对网络营销的深层理解。

3. 分析总结

本案例介绍网络营销，培养学生的合作共赢意识以及友善精神。网络营销中，企业与客户和社交媒体的关系密不可分。与媒体培养良好的合作关系，有利于企业在社会中设立良好的舆论形象，提升风险管理水平；客户作为企业重要的资源之一，是企业生命力的源泉之一，加强对客户的关系管理，平衡来自顾客的价值及给予顾客的价值，与客户保持良性接触，有利于企业合理分配资源，通过实现顾客效用的最大化以获得利润。双赢的概念在企业的网络营销中至关重要，无论是对于媒体还是对于客户，只关注自身的利润与价值是远远不具有竞争力的。

案例4　数据挖掘与客户关系管理
——职业道德、社会责任

【课程名称】电子商务。

【教学内容】数据挖掘与客户关系管理。

【案例意义】通过介绍数据挖掘与客户关系管理，引导学生注重培养职业道德、恪守职业道德底线，勇于承担社会责任，强化社会责任意识。

教学过程

1.问题导入

介绍数据挖掘的基本概念与主要方法，在客户关系管理过程中，依托先进的数字技术手段和"以客户为中心"的管理理念，探讨企业与客户建立关系、维护关系和迭代关系的动态过程与策略。在信息技术高速发展的今天，电子商务中有哪些环节属于数据挖掘的范畴？（第一问）

2.讲授正文

首先和学生讨论电子商务过程中的数据挖掘，并从中引出数据挖掘的定义——是从大量的、不完全的、有噪声的、模糊的、随机的数据中，提取隐含在其中的、人们事先不知道的，但潜在的有用信息和知识的过程。其步骤包括数据项处理、数据挖掘算法、质量评估、知识表示。一名合格的电子商务人才，应当全面了解业务背景、痛点、需求，获取符合要求的数据，并根据业务需要，选择合理的工具、平台、系统及算法，并对相关数据和代码保密履行后期义务和责任，树立职业道德意识，提高社会责任感。

接下来结合数据挖掘的主要方法，包括分类、回归预测、聚类、关联规则等，解释数据挖掘技术的原理与意义。提问：在数据挖掘环节有哪些违反职业道德的行为？（第二问）比如非法获取个人信息、未经许可抓取第三方数据、非法泄露保密数据，都会造成个人、企业甚至社会层面的损失。对于数据产权，应当将客户的利益和企业的利益置于个人利益之上，为保护数据资产的安全性、真实性、可靠性，一定要使用科学、安全的数据挖掘技术，绝不参与任何违法行为，绝不滥用他人产权，严守职业道德以及法律底线。然后讨论数据挖掘在客户关系管理中的应用，本知识模块包含了数据挖掘应用、基于客户生命周期的数据挖掘、基于数据挖掘的客户细分模型、数据挖掘项目实施的核心知识点。基于挖掘算法，研究商业模型、商业应用，请学生思考数据挖掘与客户关系管理可以应用于哪些行业？（第三问）提出数据挖掘技术可以应用于客户生命周期的各个阶段，以提高企业客户关系管理能力，争取到新客户，并且让已有的客户创造出更多的利润，保持住有价值的客户。企业在多维度收集客户信息的基础上，进行客户画像，为客户分级管理和分级沟通提供依据。客户信息是核心商业价值，企业利用大数据技术，对客户、产品等大量数据进行采集、挖掘、汇总、分析，形成庞大的数据库。潜在客户挖掘针对以前的客户对类似活动的响应进行挖掘；为寻找和高价值客户类似的潜在客户，客户响应期重点判定哪些潜在客户会变成响应者，哪些响应者会成为企业客户；即得客户数据挖掘阶段的客户购买活动提供了客户行为模式的数据，此阶段进行客户细分、预测客户活动发生时间进行交叉销售、升级销售。那么客户流失期的数据挖掘有什么作用？（第四问）为了重新获得流失的客户，研究客户停止购买企业产品或服务的行为。其次，研究基于关联规则、神经网络、决策权客户细分规则的客户细分模型，有利于分析客户价值与客户风险，优化促销策略选择以及新产品的开发维护环节。结合信息泄露、刷单、对差评用户进行威胁等负面案例，帮助学生了解信息泄露的严重影响，列举被泄密客户遭受诈骗等典型事件，阐述信息泄露的严重性，从泄露用户信息的负面案例中总结经验教训，强化学生的职业道德教育，让学生了解在管理客户资料的过程中所肩负的社会责任。

最后请同学们来思考，一个数据挖掘项目应当具备哪些环节与要素？（第五问）数据挖掘项目实施应当包括良好的数据积累、明确的业务需求、准备数据、数据挖掘技术以及结果表达、结果评价、结果利用。在项目实施过程中，客户的家庭地址、公司地址、手机号、银行卡号等各种隐私数据信息留存于网络空间，存在着各种安全隐患，所以企业各职能部门的人员应当注重职业道德的培养，规避客户数据信息泄露及被窃取、不法篡改的风险，要具备社会责任感，遵纪守法，严防不合规、不合法的行为。

3. 分析总结

本案例通过引发学生对电子商务中数据挖掘内涵的思考，介绍数据挖掘流程步骤，提出合格的从业人员应当具备的职业道德。通过介绍数据挖掘中违反职业道德的行为，提示学生重视职业道德。引导学生讨论数据挖掘在客户关系管理中的应用，介绍客户流失期的数据挖掘的作用，强化学生对知识点的理解，有利于学生增强职业认知、培养社会责任感。激发学生对数据挖掘项目实施的兴趣，使学生充分了解实施过程的行为规范。对数据挖掘与客户关系管理思政案例的探索与实践，不仅是电子商务课程建设的内在要求，而且对物流专业其他课程具有典型的示范作用。本案例充分体现电子商务领域数据挖掘与客户关系管理的新知识、新技术、新方法，以提高学生对职业岗位中客户关系管理的认识，培养学生具备良好的职业道德、专业的职业素养、强烈的责任心与社会责任感，使学生具有科学的世界观、人生观和价值观，成为符合社会需要的复合型人才。

10

交通运输法规

案例1 交通运输法治建设的作用
——法治精神、法治意识

【课程名称】交通运输法规。

【教学内容】交通运输法治建设的内涵和作用。

【案例意义】本案例通过阐述以法治推动交通运输管理体制机制改革、促使交通运输企业按市场化规律运作，并建立与运输市场发展相适用的运行机制的重要意义，培养学生的法治精神、法治意识，严格遵守法律规定，严格依法办事，塑造以法律为准绳的爱国、守法、公正、诚信的价值观。

教学过程

1.问题导入

从"中国之治"看，交通强国建设不仅需要完善基础设施、技术装备等交通运输硬核，还需要推进提升包括完备的交通运输法规体系在内的治理体系和治理能力等交通运输软实力。此外，市场经济就是法治经济，一切社会经济关系也应该靠法律来调整。那么，交通运输法治建设的内涵和重要作用到底是什么呢？

2. 讲授正文

（1）交通运输法治建设的内涵

健全和完善交通运输法规体系，有助于推进法治引领交通强国的建设，不断提升交通运输行业治理体系和治理能力的现代化水平。交通法治建设作为依法治国的重要组成部分，是交通强国建设的题中应有之义。建设交通强国，就是要更好地发挥法治固根本、稳预期、利长远的保障作用。

重点阐述加强交通法治建设的意义：

①是坚持法治引领交通强国建设的需要。

②是以法治推动交通运输管理体制机制改革的需要。

（2）交通法治建设的重点

①作为深化"交通运输法治政府部门建设"总抓手。

②交通运输法治政府部门建设的总目标：建设交通运输法治体系，建设交通运输法治政府部门。

③加快完善综合交通运输法规制度体系。

④交通运输综合行政执法改革和执法队伍建设。

⑤营造交通运输良好营商环境。

（3）案例故事

铁路法颁布之前，铁路运输沿线经常发生拦截列车、盗窃铁路运输物资、冲击铁路运输行车机构、干扰铁路运输正常秩序等事件，严重影响了铁路运输活动，给国家和企业造成了重大的影响。

铁路法颁布实施以后，通过加强铁路法治宣传，依法治路，特别是对违法犯罪行为进行打击，铁路运输生产秩序得到了恢复，铁路运输活动得以顺利发展。

案例引申：

作为一个大学生，首先要履行公民遵纪守法的义务和责任，然后要做践行法律的模范，特别是在未来的交通运输工作中，要坚持依法办事，要学会运用法律手段维护和保障公民个人和企业的正当权益。

3. 分析总结

本案例紧紧围绕交通运输法治建设教学内容中的思政育人映射与融入点，即法治思维、底线思维和社会主义核心价值观，阐述交通运输法治的内涵和加强交通运输法治建设的意义；重点讲授了交通运输法治建设的具体措施；最后通过法治故事，从正反两方面说明法治建设对铁路运输的重大影响。

案例 2　运输企业的责任
——遵守法律、敬畏法律

【课程名称】交通运输法规。

【教学内容】运输企业的责任。

【案例意义】本案例主要是教育学生在今后的工作和生活中，要严格遵守法律的规定，如果违反法定义务和合同义务，就必须承担法律责任，以此培养学生遵守法律、敬畏法律的意识，塑造爱国、守法、公正、诚信的社会主义核心价值观。

教学过程

1. 问题导入

在交通运输行业中，交通运输企业的责任与权利是什么？二者有什么相互关系？法律责任的规则原则有哪些？本部分将重点围绕"运输企业的责任"来探讨上述问题。

2. 讲授正文

首先，介绍权利与义务的内涵。权利是指交通运输法律关系主体依法进行某种活动或要求他方进行某种或不进行某种活动的资格。义务是指交通运输法律关系主体依法为满足权利主体的要求，必须为一定行为或不为一定行为的责任。主要包括以下内容：义务主体必须按照法律规章担负其应负的义务，履行义务有其法定范围的限度；义务主体应自觉履行义务，如果不履行或不适当履行，就应依法承担法律责任。

如何看待权利与义务的关系？主要引导学生了解权利和义务是相对的，也是对等的，即一方享有的权利，正是对方应当履行的义务，一方权利的享有，必须以对方履行义务为前提。

通过引导学生讨论，可以使学生明白以下观点：主体的任何一方不得只享有权利而不承担义务，或只承担义务而不享有任何权利。

然后，讲授民事责任相关问题，通过介绍民事责任中违约责任的归责原则，引入过错责任和无过错责任的概念，介绍民法典中关于违约责任的一般规定和特殊规定，并讲解民事责任的承担方式。教学中注意教育学生将来在交通运输工作中要积极遵守法律义务，树立责任意识，并努力做到尊重法律、敬畏法律，做遵守法律的模范。

3. 分析总结

本案例阐述权利与义务的内涵和法律责任承担的意义，重点讲授权利与义务的内涵及相互关系，最后通过对比过错责任和无过错责任的区别，教育和引导学生要自觉地遵守国家法律，维护法治的严肃性，同时要学会运用法律武器来维护自身的合法权益。

案例3　运输纠纷的法律解决
——法律意识、法治思维

【课程名称】交通运输法规。

【教学内容】运输纠纷的法律解决。

【案例意义】本案例阐述运输纠纷的法律解决途径，教育学生在今后的工作和生活中，在发生矛盾和纠纷时，要以法律为准绳，严格遵守法律的规定，学会运用法律武器维护自己的合法权益，而不能任性冲动，更不能采用非法的手段来处理问题，以此培养学生的法律意识、法治观念，恪守爱国、守法、公正、诚信的社会主义核心价值观。

教学过程

1.问题导入

我国正在大力开展法治中国建设。在运输生产过程中，如果发生纠纷和矛盾，我们要通过法律途径进行解决。那么，运输纠纷如何界定？发生纠纷后，有哪些法律途径可以用来解决问题呢？

2.讲授正文

首先，介绍运输纠纷的含义。运输纠纷是指在运输活动中，交通运输法律关系主体之间因经济权利义务而产生的争议。

随着我国社会主义市场经济的不断发展，各社会组织之间的经济联系也日益扩大和深化。由于在交通运输经营活动中，各交通运输法律关系主体处于不同的地位，有着不同的利益，以及受各种客观因素的影响，在交通运输活动的各种交往和协作中，不可避免地会发生大量的矛盾和纠纷，尤其是因运输合同产生的纠纷，更是占有主要地位。如何处理这些有碍社会主义市场经济发展的运输纠纷，是一个十分重要的问题。

案例故事：引入具体的运输纠纷案例，介绍一些采用非法手段解决纠纷所造成的严重后果和影响。

案例讨论：矛盾和纠纷发生后，不能知法犯法，用非法的手段加以处理。

然后，介绍运输纠纷的几种解决途径，一般运输纠纷可以通过协商和解、权力机关进行调解（包括民间调解、行政调解、仲裁调解和法院调解）的方式得到解决，但大多数运输纠纷需要通过仲裁、行政复议、诉讼的方式加以解决。

采用仲裁解决运输纠纷时，要注意了解仲裁的性质和我国仲裁的基本制度规定，同时，要熟悉运输纠纷的仲裁程序。

运用行政复议解决运输纠纷时，要熟悉行政复议的基本制度和行政复议的原则，了解行政复议的申请条件和方式，熟悉行政复议的程序。

运用诉讼解决运输纠纷时，要了解民事诉讼的管辖规定和相关诉讼程序。

案例引申：同学们将来在交通运输工作中，当发生矛盾和纠纷时，千万记得要遵守法律规定，树立法治意识，要运用法律手段来解决具体的纠纷。

3.分析总结

本案例紧紧围绕"运输纠纷的法律解决"教学内容,通过典型案例的介绍,教育学生将来在今后的生活和交通运输工作中,当遇到矛盾和纠纷时,不能任性冲动,更不能以非法手段来处理,而是要遵守法律规定,树立法律意识和法治思维,坚持运用法律手段来解决矛盾和纠纷。

案例4 运输合同
——契约精神、合同意识

【课程名称】交通运输法规。

【教学内容】运输合同的履行和违反责任。

【案例意义】本案例在讲授运输合同的违约责任知识点时,教育学生在今后的工作、学习和生活中,要遵守法律的规定,严格依法办事,信守合同,讲究诚信。这既是法律对公民的义务要求,也是践行社会主义核心价值观的必然要求。

教学过程

1.问题导入

市场经济就是法治经济,涉及交通运输的法律关系主要是交通运输的客货运输关系,反映在法律上就是合同关系,它比较直接地反映了生产关系的要求。作为未来交通运输领域的从业人员,要充分认识到交通运输活动法律关系的特点,树立契约精神和合同意识,既要严格遵守法律要求,履行合同法律责任,也要学会用法律手段维护自己的合法权益,努力做遵守合同的典范。那什么是运输合同?如何履行运输合同?违反运输合同又会有什么责任呢?

2.讲授正文

首先,介绍一般合同及运输合同的概念及特征。需要向学生阐明合同中所确立的权利义务,必须是当事人依法可以享有的权利和能够承担的义务,这是合同具有法律效力的前提。如果在签订合同时有违法行为,当事人不仅达不到预期的目的,还应根据违法情况承担相应的法律责任。

本部分知识点内容主要涉及运输合同的法律特征,运输合同当事人的权利与义务,运输合同的担保,运输合同的变更与转让,运输合同权利义务的终止,无效运输合同以及违反运输合同的责任等内容。

在讲授上述专业知识的同时,需要向学生讲清楚以下问题:

作为交通运输工程专业的学生,未来主要面临的是客货运输关系。而客货运输关系在交通运输关系中占有特别重要的位置,它是交通运输法律规范所确认或调整的人与人之间的权利、义务关系的主要内容。

一般而言,涉及交通运输的法律关系主要是交通运输的客货运输关系,反映在法律上就是合同关系,它比较直接地反映了生产关系的要求。

其中,旅客运输关系是指交通运输部门在运送旅客过程中所发生的社会关系,这种运输关系反映在法律上主要就是旅客运输合同关系。它表明交通运输企业作为承运人,有义务将旅客运送到车票票面规定的到站,旅客则有义务支付相应的旅客运输费用。

货物或者行李、包裹运输关系,是将货物或行李、包裹从一地运送至另一地,使之发生位移时所产生的一切社会关系,反映在法律上,主要是货物运输合同关系、行李运输合同关系和包裹运输合同关系。

基于上述事实,本部分知识点可通过介绍具体的运输合同案例来加以阐述。

案例故事:引入具体的运输合同履行的案例,分析运输合同订立以后,如何切实履行合同,并对当事人的违约行为进行责任追究。

案例讨论:如何履行有效合同? 有效合同与无效合同的处理方式有何不同? 当事人拒不履行有效合同时,如何追责?

3. 分析总结

通过分析具体的运输合同履行案例,教育学生在将来的交通运输工作中,一定要恪守法律规定,树立契约精神和合同意识,自觉维护合同的严肃性,这既是公民遵守法律义务的要求,也是恪守社会主义核心价值观的基本要求。

参考文献

［1］ 李牧原.构建高效的多式联运服务系统［N］.中国交通报，2015-07-23（006）.

［2］ 王秀春.抢抓机遇深化合作携手推进多式联运高质量发展［J］.大陆桥视野，2019（8）：41-42.

［3］ 刘小花."三大纪律八项注意"的由来［N］.解放军报，2022-06-26（008）.

［4］ 亨利·法约尔.工业管理与一般管理［M］.张扬，译.北京：北京理工大学出版社，2014.

［5］ 吴晓波，徐光国，张武杰.激活组织——华为奋进的密码［M］.北京：中信出版社，2021.

［6］ 顾武，韦毅，宋超，等.南宁站高铁快运发展策略研究［J］.铁道货运，2018，36（2）：15-19.

［7］ 史有春.大道至简——互联网创新评述（四）：三生万物［J］.发现，2018（3）：46-47.

［8］ 王道平，李建立.物流项目管理［M］.北京：北京大学出版社，2018.

［9］ 周立新.物流项目管理［M］.上海：同济大学出版社，2014.

［10］ 杜志琴，张明勇.物流与供应链管理课程思政教学改革实践探索［J］.课程教学，2022，21（5）：80-86.

［11］ 邱伏生，宋海萍.智能工厂物流信息平台构建方法——"智能工厂物流构建"系列连载之三［J］.物流技术与应用，2022，27（8）：162-168.

［12］ 张政治.利用北斗的物流信息监管系统设计研究［J］.现代导航，2021，12（6）：420-423.

［13］ 江宏.国控广州物流中心的智能化升级改造［J］.物流技术与应用，2021，26（11）：72-77.

［14］ 明家琪，何庭发，蔡明锋，等.关于推进赣州市蔬菜田头冷库建设的建议［J］.长江蔬菜，2022（15）：1-3.

［15］ 叶红梅.新零售时代的物流中心建设［J］.物流技术与应用，2020，25（3）：98-100.

［16］ 张颖川.安得智联：一盘货统仓统配助力制造业降本增效——访安得智联运营中心副总经理刘程［J］.物流技术与应用，2021，26（5）：118-122.

［17］ 王炜.交通规划［M］.北京：人民交通出版社，2007.

［18］ 邵春福.交通规划原理［M］.北京：中国铁道出版社，2004.

［19］ 陆化普.交通规划理论与方法［M］.2版.北京：清华大学出版社，2006.

［20］ 陆化普，石京.交通规划理论与方法习题集［M］.北京：清华大学出版社，2009.

［21］ ORTUZAR J D，WILLUMSEN L G.Modelling Transport［M］.Wiley，1994.

［22］ 陆锡明.综合交通规划［M］.上海：同济大学出版社，2003.

［23］ CEDER A.公共交通规划与运营——理论、建模及应用［M］.关伟，译.北京：清华大学出版社，2010.

［24］ 焦健.习近平总书记强调的六大思维方法［EB/OL］.（2014-09-12）.https://www.12371.cn/2014/09/12/ARTI1410492636062549.shtml.

［25］ 刘石泉.系统观念是重要思想和工作方法［N］.学习时报，2021-08-18.

[26] 韩庆祥.系统观念是具有基础性的思想和工作方法[N].光明日报,2022-04-18.

[27] 百度百科.世界著名科学家、两弹一星功勋奖章获得者:钱学森[EB/OL]2021-10-10:https://baike.baidu.com/item/%E9%92%B1%E5%AD%A6%E6%A3%AE/26105?fr=kg_general.

[28] 马克思主义哲学编写组.马克思主义哲学[M].北京:高等教育出版社,2022.

[29] 高醒,李夏苗,彭鹏.铁路货运量预测过程中的关键技术分析[J].科技和产业,2018,18(5):1-8,62.

[30] 中共中央 国务院.交通强国建设纲要[R].2019.

[31] 中共中央 国务院.国家综合立体交通网规划纲要[R].2021.

[32] 国家发展改革委."十四五"现代流通体系发展规划[R].2021.

[33] 中共中央 国务院."十四五"现代综合交通运输体系发展规划[R].2021.

[34] 交通运输部.中国可持续交通发展报告[R].2021.

[35] 交通运输部,科技部."十四五"交通领域科技创新规划[R].2022.

[36] 交通运输部.绿色交通"十四五"发展规划[R].2021.

[37] 交通运输部.综合运输服务"十四五"发展规划[R].2021.

[38] 交通运输部,国家铁路局,中国民用航空局,等.现代综合交通枢纽体系"十四五"发展规划[R].2021.

[39] 国家铁路局.国家铁路局关于印发《"十四五"铁路科技创新规划》的通知:国铁科法〔2021〕45号[R].2021.

[40] 交通运输部.数字交通"十四五"发展规划[R].2021.

[41] 毛保华.城市轨道交通规划与设计[M].北京:人民交通出版社,2006.

[42] 王炜,过秀成,等.交通工程学[M].南京:东南大学出版社,2011.

[43] 周商吾,等.交通工程[M].上海:同济大学出版社,1987.

[44] 沈志云,邓学钧.交通运输工程学[M].2版.北京:人民交通出版社,2003.

[45] 人民日报海外版.京张高铁开通进入倒计时[N/OL].(2019-10-10)[2019-12-24].www.gov.cn/xinwen/2019-10/10/content_37763.htm.

[46] 京张高铁+北斗,新时代智慧铁路.北斗卫星导航系统[EB/OL].(2019-06-20)[2020-12-31].www.beidou.gov.cn/yw/xydt/201906/t20190621_18481.htm.

[47] 大批科技成果助力北京冬奥会[EB/OL].(2021-11-19).www.gov.cn/xinwen/2021-11/19/content_5651817.htm

[48] 京张高铁:穿越历史驶向冬奥[EB/OL].(2020-10-08)[2020-12-31].www.gov.cn/xinwen/2022-10/08/content_5549753.htm#1.

[49] 京张高铁智能动车组上线联调联试[EB/OL].(2019-11-07)[2019-12-25].www.goven/xinwen/2019-11/07/content_5449902.htm.

[50] 百年跨越,逐梦京张——写在京张高铁开通暨中国高铁突破3.5万公里之际.[EB/OL].(2019-12-30)[2020-01-12].www.gov.cn/xinwen/2019/12/30/content.5465215.htm.

[51] 京张高铁设计八大亮点首揭秘八达岭站创四项"全国之最"[N/OL].(2016-04-21)[2020-01-12].https://new.cctv.com/2016/04/21/ARTIWD NYx41Njmg3D6bukfoL160421.s.htm1.

[52] 探访京张高铁调度台[EB/OL].(2020-01-17)[2020-12-31].www.gov.cn/xinwen/2020-01/11/content_5470335.htm#1.

[53] 宋瑞.铁路运输设备[M].北京.中国铁道出版社,2016.

[54]　叶峻青，何勋隆.城市轨道交通与铁路枢纽规划[J].交通运输工程学报，2003(04)：58-62.

[55]　张子昊.中国轨道交通动力发展史简述[J].中国设备工程，2020(4)：239-241.

[56]　拉巴次仁.世界上海拔最高的线路是青藏铁路[N/OL].光明日报，2008，04，22. https://www. gmw. cn/01gmrb/2008-04/22/content_764640. htm

[57]　百度百科.7.23 甬温线特别重大铁路交通事故[EB/OL]. https://baike. baidu. com/item/7%C2%B723%E7%94%AC%E6%B8%A9%E7%BA%BF%E7%89%B9%E5%88%AB%E9%87%8D%E5%A4%A7%E9%93%81%E8%B7%AF%E4%BA%A4%E9%80%9A%E4%BA%8B%E6%95%85/10805173? fr = aladdin.

[58]　李海鹰，张超.铁路站场及枢纽[M].北京：中国铁道出版社，2013.

[59]　陈维亚，杨伟婷，石晓琪，等.铁路车站咽喉区道岔自动分组方法研究[J].铁道学报，2023，45(6)：9-15.

[60]　朱逸云.第四代高铁枢纽综合体开发与运营实践[M].北京：人民邮电出版社，2018.

[61]　中华人民共和国建设部.城市公共交通分类标准：CJJ/T114—2007[S]. 北京：中国建筑工业出版社，2007.

[62]　中华人民共和国建设部.城市交通分类标准[S].北京：中国建筑工业出版社，2007：18-19.

[63]　闫海峰.城市轨道交通设备[M].北京：科学出版社，2016.

[64]　中共中央马克思恩格斯列宁斯大林著作编译局.马克思恩格斯全集[M].北京：人民出版社出版，2006.

[65]　袁建华，赵永进.我国道路交通信号控制的发展与变迁[J].道路交通管理，2022，451(3)：10-12.

[66]　李瑞敏，章立辉.城市交通信号控制[M].2 版.北京：清华大学出版社，2021.

[67]　王健，马灿，苏阳平，等.基于 SAM 系统缩短株洲北站北发线行车间隔的研究[J].铁道通信信号，2021，57(6)：50-53.

[68]　朱广劼.编组站综合自动化系统研究[J].铁路计算机应用，2007(6)：16-18.

[69]　王曦光，胡春龙，刘丽娟.浅议交通量数据采集的几种方法[J].北方交通，2009(10)：76-78.

[70]　李宝玲，孙淑娟.浅谈交通量调查的方法[J].黑龙江交通科技，2004(2)：80-82.

[71]　张刚毅.高速铁路牵引供电[M].成都：西南交通大学出版社，2017.

[72]　靳俊.高速铁路列车运行控制技术——调度集中系统[M].北京：中国铁道出版社，2020.

[73]　盖宇仙.铁路货运组织[M].北京：中国铁道出版社，2011.

[74]　刘作义.铁路货物运输[M].北京：中国铁道出版社，2015.

[75]　王甦男，贾俊芳.旅客运输[M].3 版.北京：中国铁道出版社，2008.

[76]　贾俊芳，铁路旅客运输[M].北京：中国铁道出版社，2016.

[77]　林枫，廉文彬，刘峰，等.运输组织基于固定区段轮乘制的列车乘务交路计划编制方法研究[J].铁道运输与经济，2017，39(12)：27-31.

[78]　中国铁路总公司.铁路客车运用维修规程：铁总运〔2015〕22 号[R].北京：中国铁道出版社，2015.

[79]　秦进，魏堂建，黎新华.交通运输安全管理[M].北京：高等教育出版社，2021.

[80]　秦进，高桂凤.城市轨道交通安全管理[M].北京：人民交通出版社，2012.

[81]　交通运输部.高速铁路安全防护管理办法.2020-07-29.

[82]　肖贵平.交通运输安全工程[M].2 版.北京：中国铁道出版社，2016.

[83]　马士华.供应链管理[M].北京：机械工业出版社，2005.

[84]　中国军事百科全书编审室.中国大百科全书·军事[M].北京：中国大百科出版社，2007.

[85] 巴曙松，闫昕，董月英.人民币跨境支付系统与 SWIFT 的协同发展[J].国际金融，2022(8)：3-9.

[86] 毛保华.城市轨道交通系统运营管理[M].北京：人民交通出版社，2006.

[87] 黎茂盛.城市轨道交通运营管理[M].长沙：中南大学出版社，2014.

[88] 毛保华，四兵锋，刘智丽.城市轨道交通网络管理及收入分配理论与方法[M].北京：科学出版社，2007.

[89] 教育部.关于印发《高等学校课程思政建设指导纲要》的通知[A/OL].http://www.gov.cn/zhengce/zhengceku/2020-06/06/content_5517606.htm.

[90] 中国国家铁路集团有限公司.新时代交通强国铁路先行规划纲要[Z].2020-08-13.

[91] 国家铁路局.2021 年铁道统计公报[R/OL].https://zwfw.nra.gov.cn/art/2022/4/28/art_62_6493.html.

[92] 国民用航空局.2021 年民航行业发展统计公报[R/OL].http://www.caac.gov.cn/XXGK/XXGK/TJSJ/202205/P020220518569126412044.pdf.

[93] 中华人民共和国交通运输部.2021 年全国收费公路统计公报[R/OL].https://xxgk.mot.gov.cn/2020/jigou/glj/202211/t20221111_3707993.html.

[94] 彭其渊，王慈光，何华武.铁路行车组织[M].2 版.北京：中国铁道出版社，2019.

[95] 肖前，李秀林，汪永祥.辩证唯物主义原理[M].修订本.北京：人民出版社，1981.

[96] 彭其渊，文超.客运专线运输组织基础[M].2 版.成都：西南交通大学出版社，2014.

[97] 徐行方.高铁运营组织与管理[M].上海：上海科学技术文献出版社，2019.

[98] 张琦.高速铁路智能调度技术[M].北京：中国铁道出版社，2021.

[99] 施卫忠.我国编组站自动化技术现状与发展[J].铁道通信信号，2018，53(3)：58-61.

[100] 中国铁路总公司.铁路货运检查管理规则[M].北京：中国铁道出版社，2016.

[101] 彭其渊.铁路行车组织[M].北京：中国铁道出版社，2015.

[102] 贺清.驼峰自动化系统技术原理及应用[M].成都：西南交通大学出版社，2016.

[103] 中华人民共和国铁道部运输局.铁路客运运价规则：铁运〔1997〕102 号)[Z].1997-12-01.

[104] 中华人民共和国国家计划委员会.关于公布部分旅客列车票价实行政府指导价执行方案的通知：计价格〔2002〕2870 号[R/OL].2002-12-30.

[105] 中共中央　国务院.关于推进价格机制改革的若干意见：中发〔2015〕28 号[A/OL].(2015-10-12).http://www.gov.cn/xinwen/2015-10/15/content_2947548.htm

[106] 国家发展改革委.关于改革完善高铁动车组旅客票价政策的通知：发改价格〔2015〕3070 号[A/OL].(2015-12-23).http://www.nra.gov.cn/jglz/fgzd/gfwj/zt/qt/202104/t20210401_135062.shtml.

[107] 国家发展改革委.关于完善铁路普通旅客列车软座、软卧票价形成机制有关问题的通知：发改价格〔2016〕1191 号[A/OL].2016-6-5.

[108] 中华人民共和国第八届全国人民代表大会常务委员会.中华人民共和国价格法[Z].1997-12-29.http://www.gov.cn/govweb/fwxx/bw/gjdljgwyh/content_2263012.htm.

[109] 全国人民代表大会常务委员会.中华人民共和国铁路法[Z].北京：中国民主法制出版社.2008.

[110] 中华人民共和国国家发展和改革委员会.中央定价目录[EB/OL].2020.3.13.http://www.gov.cn/gongbao/content/2020/content_5515277.htm.

[111] 国家发改委.铁路普通旅客列车运输定价成本监审办法(试行)：发改价格规〔2017〕371[A/OL].(2017-2-28).https://www.ndrc.gov.cn/xxgk/zcfb/ghxwj/201703/t20170317_960914.html? code=&state=123.

[112] 李蕊.浅析如何利用客运信息化系统提高铁路客运服务质量[J].中外企业家，2019，638(12)：60.

[113] 廉文彬.铁路客运管理信息系统的研究与应用[J].铁道运输与经济,2016,38(11):56-60.

[114] 陆娅楠.电子客票覆盖全国普速铁路四种火车票见证新中国铁路史[J].城市轨道交通研究,2020,23(7):11.

[115] 吴春波,崔虎,费振豪.基于 TDCS/CTC 的车站接发车作业流程控制研究[J].铁道通信信号,2013,49(6):6-8.

[116] 赵琪,赵楠楠.列车调度指挥与调度集中系统[M].北京:中国铁道出版社,2019.

[117] 唐雪芹,董凤翔.基于 BIM 技术的铁路数字化设计与应用[J].铁路技术创新,2021(1):50-55.

[118] 刘裱顤.铁路站场 BIM 设计系统关键技术研究[J].铁道工程学报,2022,6(6):84-89.

[119] 黄登.铁路站场计算机辅助设计系统 CASD[J].科技创业,2006(8):180-181.

[120] 国家铁路局.接发列车作业:TB/T1500.1~4.[S].北京:中国铁道出版社,2009.

图书在版编目(CIP)数据

交通运输专业创新实践类课程思政教学案例／陈维亚
等主编. —长沙：中南大学出版社，2023.7

ISBN 978-7-5487-5461-9

Ⅰ. ①交… Ⅱ. ①陈… Ⅲ. ①高等学校－思想政治教
育－教案(教育)－中国 Ⅳ. ①G641

中国国家版本馆 CIP 数据核字(2023)第 128538 号

交通运输专业创新实践类课程思政教学案例

陈维亚　宋晓东　李烨　伍国华　主编

□出 版 人　吴湘华
□责任编辑　刘颖维
□封面设计　李芳丽
□责任印制　唐　曦
□出版发行　中南大学出版社

　　　　　社址：长沙市麓山南路　　　　邮编：410083
　　　　　发行科电话：0731-88876770　传真：0731-88710482
□印　　装　长沙印通印刷有限公司

□开　　本　787 mm×1092 mm　1/16　□印张 7.5　□字数 187 千字
□版　　次　2023 年 7 月第 1 版　　　□印次 2023 年 7 月第 1 次印刷
□书　　号　ISBN 978-7-5487-5461-9
□定　　价　58.00 元

图书出现印装问题，请与经销商调换